NATIONAL GEOGRAPHIC

styleguide Kopenhagen

eat shop love it

Anna Peuckert
Søren Jepsen

N

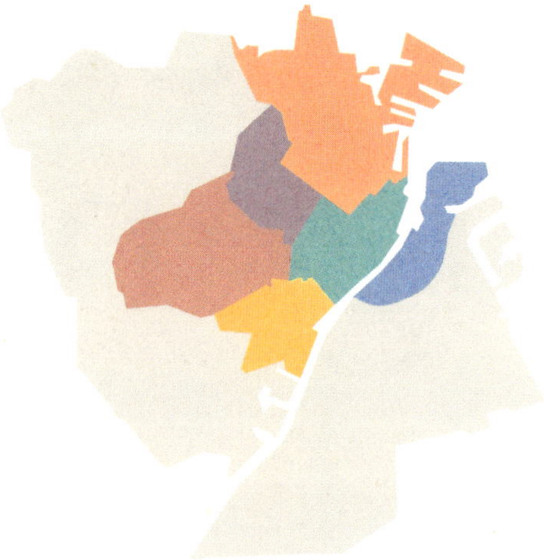

KOPENHAGEN

INHALT

VELKOMMEN!

Die Dänen sind die glücklichsten Menschen der Welt! Unzählige Studien belegen das jedes Jahr aufs Neue und wir glauben ihnen gerne. Denn jeder, der schon einmal an einem sonnigen Tag durch Dänemarks Hauptstadt spaziert ist, kann verstehen, warum: aufregende Architektur, ganz viel Wasser und überall freundliche, gutaussehende Menschen auf Fahrrädern.

Kopenhagen ist eine junge Stadt. Groß genug, um Menschen aus aller Welt anzuziehen, aber trotzdem so kompakt, dass man sie wunderbar zu Fuß oder mit dem Fahrrad erkunden kann. Die Stadt am Øresund repräsentiert vieles, was das kleine Dänemark so sympathisch macht. Neben dem weltberühmtem Design, toller Mode und gutem Essen steht die Stadt wie kaum eine andere für Nachhaltigkeit.

Wer ein bisschen Zeit in der Stadt verbringt, entdeckt viele Beispiele für die dänische Gelassenheit. Man sieht viele Kinder auf den Straßen, hippe Großstadteltern fahren sie in den kastigen Lastenfahrrädern durch die Stadt. Vor Geschäften und Cafés entdeckt man oft abgestellte Kinderwagen. Ein Blick hinein zeigt, dass darin gut eingepackte kleine Bündel liegen, die selig schlummern. In Dänemark herrscht Konsens darüber, dass frische Luft das Beste für Babys ist, und während die Eltern drinnen einen Caffè Latte trinken, bleiben die Kleinen unter warmen Decken im Freien. Auch die berühmte dänische Mode zeugt von dieser Seelenruhe. Sie ist mit viel Liebe designt und von höchster Klasse, und trotzdem nie prahlend oder laut. Gedeckte Farben beherrschen die Kleiderschränke der meisten Dänen, schwarz ist allgegenwärtig. Langweilig wird das aber zum Glück nie, dafür sind die Menschen zu verliebt in gute Qualität und smartes Design. Kopenhagens Garderobe ist edel und zeitlos.

Selbst wenn im Herbst das graue Schmuddelwetter Einzug hält, haben die schlauen Dänen auch dagegen ein Rezept, für das sie sogar ein eigenes Wort erfunden haben: *hygge*. Für dieses liebenswerte Wort bzw. diese Redensart gibt es kaum eine Übersetzung. *Hygge* bedeutet in etwa „das totale Fehlen von jeglichem Störenden" und beschreibt gemütliche Wohnungen und Kerzenlicht, mit netten Menschen und gutem Essen in der Nähe. Klingt super und macht ganz sicher glücklich. Zeit für uns, herauszufinden, warum das auch in Dänemarks Hauptstadt so einfach ist.

Der styleguide Kopenhagen ist Ihr unverzichtbarer Begleiter, wenn Sie die Stadt am Wasser erkunden wollen. Wir lassen die Touristenpfade links liegen und führen Sie in diesem Buch in die spannendsten Geschäfte, zu den besten Restaurants und den aufregendsten Kunstgalerien. Darunter befinden sich die wuseligen Markthallen ***Torvehallerne*** (S. 86), ein kleiner Laden, der Schriftarten verkauft (***Playtype Concept Store***, S. 235), gemütliche Cafés (***Den Plettede Gris,*** S. 110) und ein Hotel wie aus der Zeit gefallen (***Hotel Alexandra***, S. 82).

Velkommen til København!

KOPENHAGEN TIPPS

Fahrräder

Neben Amsterdam ist Kopenhagen wohl die fahrradverrückteste Stadt der Welt. Es gibt also keinen besseren Weg, die dänische Hauptstadt zu erkunden, als auf zwei Rädern. Die Radwege sind oft breiter als die Bürgersteige, auf den wichtigen Strecken gibt es sogar richtige Fahrrad-Highways. Einer davon ist die Cykelslangen („Fahrradschlange"), die übers Wasser im Hafen führt. Wenn Sie sich auf dem Drahtesel unsicher fühlen, bleiben Sie auf ruhigeren Seitenstraßen. Die meisten Hotels haben Leihräder, und *www.bycyklen.dk* hat Mietstationen in der ganzen Stadt.

Nahverkehr

Kopenhagens kleines Metronetz wird gerade im großen Stil erweitert. Bis die neuen Strecken fertig sind, werden Sie für einige Touren auf Busse umsteigen müssen. Die fahren häufig, sind pünktlich und mit den gleichen Tickets nutzbar wie die Regionalzüge und die Metro. Am besten kaufen Sie ein Einzelticket oder – wenn Sie viel mit Bus und Bahn unterwegs sein werden – eine *Rejsekort anonymt* am Automaten. Diese Plastikkarten kosten einmalig zehn Euro und haben ein Guthaben, das Sie abfahren können. Vorsicht: Die Kontrolleure in Kopenhagen sind gnadenlos!

Essen

Die Gourmet-Szene Kopenhagens ist weltberühmt, 15 Restaurants sind im Moment mit mindestens einem Michelin-Stern ausgezeichnet, und laut der sehr renommierten San-Pellegrino-Liste ist hier auch das beste Restaurant der Welt zu Hause, das *noma*. Doch Essen in Kopenhagen muss nicht teuer sein. Viele kleine Lokale sind stolz darauf, mit frischen Bioprodukten zu kochen. Smørrebrød ist ein dänischer Klassiker, der gerade seine Renaissance erlebt. Und den dänischen Fast-Food-Klassiker, Hot Dog, bekommen Sie sowieso sehr günstig an jeder Ecke.

Preise

Regelmäßig belegt Kopenhagen einen der höheren Ränge bei internationalen Rankings der teuersten Städte der Welt. Das Umrechnen von dänischen Kronen in Euro kann mühsam sein (ein Euro sind etwas mehr als sieben Kronen). Laden Sie sich eventuell eine App auf Ihr Telefon, die das Umrechnen für Sie übernimmt. Bargeld verliert in Dänemark übrigens immer mehr an Bedeutung. Selbst Kleinstbeträge können Sie mit Ihrer Kredit- oder Maestrokarte bezahlen, vom Kiosk-Kaffee bis zur Taxifahrt.

Trinkgeld

Immerhin – in diesem Bereich geht es in Dänemark günstiger zu als in Deutschland: Trinkgeld ist hier absolut unüblich. Kellner und Servicepersonal in Kopenhagen werden gut bezahlt und erwarten grundsätzlich kein Aufrunden der Preise. Das Gleiche gilt auch für Taxifahrer, Spa- und Hotelangestellte. Sollten Sie begeistert vom Service sein, den Sie erhalten haben, freuen sich die Anbieter natürlich trotzdem über ein kleines Extra. Mehr als zehn Prozent des Gesamtpreises sollten das aber nicht sein.

Wetter

Wie in vielen skandinavischen Ländern sind die Winter in Kopenhagen ebenfalls düster und lang, in den kalten Monaten ist der Himmel grau und es wird sehr früh dunkel. Deswegen zieht es die Dänen bei Sonnenschein sofort nach draußen in die Parks und an die Küste. Juli und August sind wie auch bei uns die sonnigsten Monate, doch selbst im späten Herbst haben viele Restaurants ihre Terrassen trotz kühler Temperaturen noch geöffnet.

LGBT

Dänemark war 1989 das erste Land der Welt, dass gleichgeschlechtliche Partnerschaften gesetzlich verankert hat. Seit 2009 dürfen homosexuelle Paare Kinder adoptieren, und kurze Zeit später, im Jahr 2012, wurde eine völlige Gleichstellung der Ehen zwischen hetero- und homosexuellen Paaren beschlossen. Das bedeutet auch, dass lesbische und schwule Paare in Dänemark kirchlich heiraten dürfen und hat zu einem wahren Hochzeitstourismus geführt. Kopenhagen ist das Zentrum der dänischen LGBT-Bewegung, war Gastgeber der Gay Games und feiert jeden August den Copenhagen Pride.

Nachtleben

Kopenhagen ist eine lockere Stadt, deren Bewohner gerne ausgehen. Zum Feiern muss man sich hier nicht schick machen, die meisten Clubs haben eine sehr entspannte Türpolitik. Die besten Partys der Stadt finden aber ohnehin auf den Straßen und Plätzen statt. Besonders im Sommer dominieren die „Street Partys" den Veranstaltungskalender. Höhepunkt ist das viertägige Festival Distortion im Juni, das sich jeden Tag auf den Straßen eines anderen Stadtviertels ereignet. Veranstaltungstipps finden Sie auf *www.aok.dk/english.*

Öffnungszeiten

Obwohl einige gesetzliche Regelungen zu Ladenöffnungszeiten in Dänemark lockerer als in Deutschland sind – Geschäfte dürfen hier zum Beispiel auch

Sonn- und Feiertags aufmachen –, sind die Öffnungszeiten in Kopenhagen recht knapp. Die meisten Geschäfte öffnen gegen 10 Uhr morgens und schließen bereits um 18 Uhr wieder ihre Türen, am Wochenende ist meist schon um 16 Uhr Schluss mit dem Shoppen. Der längste Einkaufstag in Kopenhagen ist traditionell der Freitag, wenn viele Läden immerhin bis 19 oder 20 Uhr geöffnet haben. Die Bars und Clubs der Stadt haben keine Sperrstunde.

Schiffe

Wasser ist in Kopenhagen allgegenwärtig, das Meer ist nah und Seen durchziehen die Stadt. Kein Wunder also, dass einer der besten Wege, die Stadt zu erkunden, eine Rundfahrt per Boot ist. Besonders günstig geht das mit dem Wassertaxi, das die Bibliothek im „Black Diamond" mit der kleinen Meerjungfrau verbindet und das man mit einer einfachen Busfahrkarte nutzen kann. Wenn Sie eine klassische Stadtrundfahrt per Schiff machen möchten, steigen Sie in eines der Netto-Boote. Auch die sind sehr günstig und haben gute Reiseführer an Bord, die auch Deutsch sprechen.

Souvenirs

Smørrebrød eignet sich nicht gut fürs Handgepäck, hier sind also einige alternative Ideen für schöne Souvenirs aus Kopenhagen: Investieren Sie in ein Stück Designgeschichte und kaufen Sie eine der tierischen Holzfiguren von Kay Bojesen, Sie werden Ihr Leben lang Freude daran haben. Oder gönnen Sie sich dänische Mode von Stine Goya, Henrik Vibskov oder Wood Wood, die in Deutschland nur schwer zu bekommen ist. Wenn es ein kulinarisches Mitbringsel sein soll, führt kein Weg an gutem dänischen Lakritz vorbei. Das beste der Stadt stellt Johan Bülow her.

UNSERE 12 HOURS

Auf unserer Website ***12hrs.net*** nehmen wir unsere Leser mit auf kurze Touren durch die aufregendsten Metropolen und Städte der Welt – zwölf Stunden, ein Reiseführer. Dabei gehen wir ähnlich vor wie in diesem Buch und fokussieren uns auf Design, Mode und Attraktionen, die jenseits der üblichen Touristenpfade liegen.

Unser perfekter Tag in Kopenhagen beginnt mit einem leckeren Porridge bei ***Grød*** (S. 130) in Nørrebro. Wir haben heute viel vor, ein ordentliches Frühstück ist also ein Muss. Anschließend machen wir uns auf den Weg zu ***Superkilen*** (S. 148), dem bunten Park und Architektur-Spielplatz im Norwesten des Viertels. Im vorderen, roten Teil der Installation schießen wir bestimmt wieder eine Menge Instagram-Fotos. Von dort aus spazieren wir zurück durch den malerischen ***Assistens Kirkegård*** (S. 141) – ein Friedhof wie eine Großstadtoase.

Zurück im Zentrum von Nørrebro, widmen wir uns dem Shopping und statten der Bloggerin Tikkie Oestrich Iversen in ihrem Laden ***Adelié*** (S. 154) einen Besuch ab. Sie hat ein tolles Gespür für Trends und verkauft vor allem Mode von dänischen Designern. Auf Schnäppchensuche gehen wir dann im ***Acne Archive*** (S. 146) und im ***Wood Wood Museum*** (S. 85), zwei Outlet-Stores, die zum Glück überhaupt nicht ramschig sind.

Ein schneller Kaffee in der ***Kaffebar*** (S. 147) auf der Elmegade und ein Gang durch die Markthallen ***Torvehallerne*** (S. 86) machen uns hungrig: Zeit zum Mittagessen im ***Atelier September*** (S. 22). Wir bestellen Avocado-Toast mit Zitrone und Chili und genießen das Leutegucken. Anschließend besuchen wir in der Innenstadt den Laden von ***Henrik Vibskov*** (S. 56), ***Wood Wood*** (S. 36), ***Storm*** (S. 44) und ***HAN Kjøbenhavn*** (S. 48), wo wir an den edlen Parfums von Le Labo schnüffeln. Dann geht's weiter mit skandinavischem Design bei ***Stine Goya*** (S. 18), ***Acne*** (S. 33) und ***Norse Projects*** (S. 68).

Um den Tag nicht nur in Geschäften zu verbringen, legen wir noch einen Umweg ein. Von der Einkaufsmeile aus laufen wir zum Wasser, vorbei am ***königlichen Palast***, wo wir mit etwas Glück den Wachwechsel der königlichen Garde beobachten, und weiter zur ***Oper*** und dem ***Nationaltheater***. Dänische Architektur vom Feinsten! Unser Weg führt uns durch das Postkartenmotiv ***Nyhavn*** zu unserem ***Hotel SP34*** (S. 90), wo wir kurz die Beine hochlegen, die Einkaufstüten abstellen und uns schick machen. Zum Abendessen haben wir nämlich einen Tisch bei ***Höst*** (S. 88) reserviert. Nach unserem Menü und dem wunderbaren Wein dazu ziehen wir noch auf einen Absacker in den Meatpacking District und tanzen bei ***Bakken*** (S. 216), bis der Tag vorbei ist.

Und schon sind zwölf wundervolle Stunden in Kopenhagen wie im Flug vergangen.

KØBENHAVN K

In Kopenhagens Innenstadt, die die Einheimischen einfach København K nennen, schlägt das Herz der Metropole. Dort befinden sich die wichtigsten Museen und viele der bekannten Sehenswürdigkeiten der Stadt. Wer zum Shoppen in Dänemarks Hauptstadt gekommen ist, der sollte hier anfangen. Zwischen dem Tivoli und der alten Zitadelle liegen unzählige Geschäfte, vom schicken Einkaufstempel über den charmanten Secondhandshop und dem Designer-Möbelgeschäft bis hin zu handgemachten Spezialitäten.

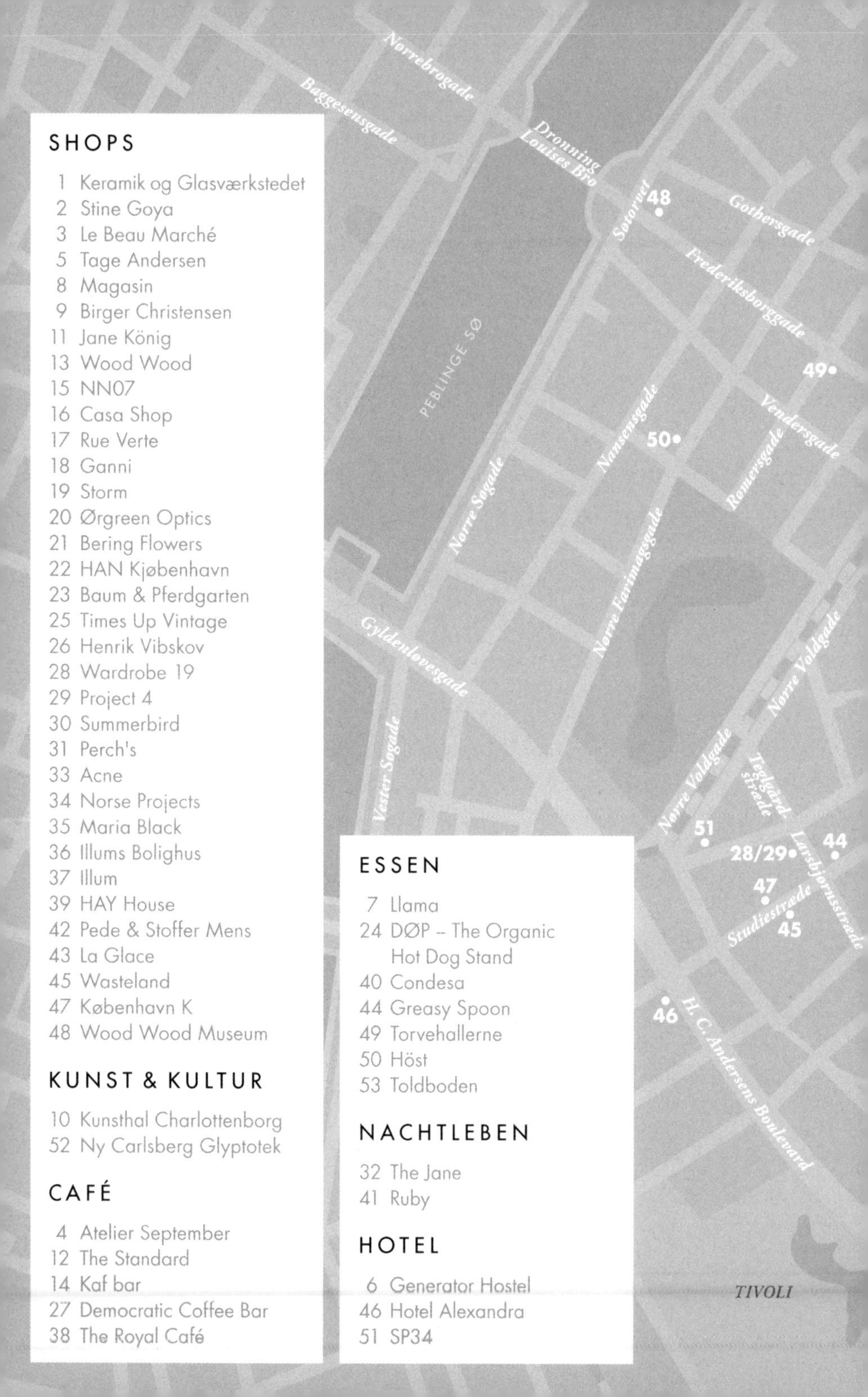

SHOPS

1 Keramik og Glasværkstedet
2 Stine Goya
3 Le Beau Marché
5 Tage Andersen
8 Magasin
9 Birger Christensen
11 Jane König
13 Wood Wood
15 NN07
16 Casa Shop
17 Rue Verte
18 Ganni
19 Storm
20 Ørgreen Optics
21 Bering Flowers
22 HAN Kjøbenhavn
23 Baum & Pferdgarten
25 Times Up Vintage
26 Henrik Vibskov
28 Wardrobe 19
29 Project 4
30 Summerbird
31 Perch's
33 Acne
34 Norse Projects
35 Maria Black
36 Illums Bolighus
37 Illum
39 HAY House
42 Pede & Stoffer Mens
43 La Glace
45 Wasteland
47 København K
48 Wood Wood Museum

KUNST & KULTUR

10 Kunsthal Charlottenborg
52 Ny Carlsberg Glyptotek

CAFÉ

4 Atelier September
12 The Standard
14 Kaf bar
27 Democratic Coffee Bar
38 The Royal Café

ESSEN

7 Llama
24 DØP – The Organic Hot Dog Stand
40 Condesa
44 Greasy Spoon
49 Torvehallerne
50 Höst
53 Toldboden

NACHTLEBEN

32 The Jane
41 Ruby

HOTEL

6 Generator Hostel
46 Hotel Alexandra
51 SP34

BOTANISK HAVE
ROSENBORG SLOT
KONGENS HAVE
NØRREPORT
AMALIENBORG
53
Kastellet,
Nordre Toldbod 24
KONGENS NYTORV
12
Havnegade 44
SLOTSHOLMEN
Øster Voldgade
Kronprinsessegade
Adelgade
Borgergade
Store Kongensgade
Bredgade
Gothersgade
Åbenrå
Rosengården
Pustervig
Landemærket
Vognmagergade
Møntergade
Klareboderne
Købmagergade
Krystalgade
Store Kannikestræde
Gråbrødretorv
Valkendorfsgade
Silkegade
Østergade
Lille Kongensgade
Amagertorv
Nikolaj Plads
Vingårdstræde
Højbro Plads
Ledreborgade
Gammel Strand
Ved Stranden
Heibergsgade
Holbergsgade
Holmens Kanal
Niels Juels Gade
Nygade
Kompagnistræde
Nybrogade
Vindebrogade
Slutterigade
Farvergade
Løngangstræde
Stormgade
Vester Voldgade
Ny Vestergade
Ny Kongensgade
Tøjhusgade
Frederiksholms Kanal
Christians Brygge
Knippelsbro
Børsgade
Hyskenstræde
Klosterstræde
Skindergade
Kronprinsensgade
Amagertorv
1
2
3
4
5
6
7
8
9
10
11
13
14
15
16
17
18
19/20
21
22
23
24
25
26
27
30
31
32
33
34
35
36
37
38
39
40
41
42
43
52

1 Keramik og Glas-værkstedet

Dieses kleine Geschäft direkt neben dem Stadtzentrum ist durch und durch skandinavisch. Durch die Fenster fällt viel Licht, und die verschiedenen Waren sind auf breiten Fensterbänken, Tischen und Regalen liebevoll arrangiert. Vier dänische Glas- und Keramikdesigner verkaufen ihre Schätze hier – unter ihnen auch Annemette Kissow, die die Porzellankollektion für das dänische Designhaus Vipp entwirft.

Kronprinsessegade 43, 1306 København K
www.keramikogglasvaerkstedet.dk

KERAMIK
& GLAS
VÆRKSTEDET

2 Stine Goya

Stine Goya gilt als Darling der dänischen Modebranche. In ihrem winzigen Flagship-Store in der Gothersgade verkauft die sympathische Designerin Teile ihrer aktuellen Kollektion und einige ausgesuchte Accessoires. Das ehemalige Model ist bekannt dafür, Mode zu entwerfen, die sie selber gerne tragen würde. Ihre Markenzeichen sind Pastellfarben, lebhafte Prints und entspannte Schnitte. Alles wunderbar weiblich, ohne je ins Zuckersüße abzurutschen.

Gothersgade 58, 1123 København K
www.stinegoya.com

19

3 Le Beau Marché

Antiquitäten, alte Landkarten und kistenweise Wein: Bei Le Beau Marché geht es um die schönen Dinge des Leben. Skandinavischen Minimalismus sucht man hier vergebens. Der Laden ist stattdessen voll mit Designobjekten, Möbeln und Dekoartikeln, die die Besitzer überall auf der Welt aufstöbern. Außerdem verkaufen sie eine große Auswahl französischer Weine, die man in der gemütlichen Weinbar im hinteren Teil des Gebäudes probieren kann.

Ny Østergade 32, 1101 København K

www.beaumarche.dk

Sandy, Nikolaj Plads

4 Atelier September

Das Café war mal ein Antiquitätengeschäft, und viele Details der Inneneinrichtung spiegeln das auch heute noch wider. Die Atmosphäre ist freundlich und entspannt. Das Atelier September hat sich in letzter Zeit zum Treffpunkt junger Großstädter entwickelt und auch das Modevolk geht hier ein und aus. Das meistbestellte Gericht auf der Karte ist Roggenbrot mit Avocado, Schnittlauch und Chili für ganze 10 Euro. Dieser kleine Luxus ist es allerdings wert!

Gothersgade 30, 1123 København K
www.atelier-september.dk

ATELIER
SEPT.

5 Tage Andersen

Von außen sieht Tage Andersen aus wie ein simples Blumengeschäft, doch dieser Eindruck täuscht! Andersens Shop fungiert als Laden, Galerie, Inspirationsquelle und Museum in einem. Opulente Pflanzenarrangements kann man dort entdecken, barocke Stillleben schmücken jede Ecke, und durch den Innenhof läuft auch schon einmal ein Pfau. Kein Wunder also, dass Andersen von Besuchern, die nichts kaufen, ein paar Kronen Eintritt verlangt.

Ny Adelgade 20, 1104 København K
www.tage-andersen.com

6 Generator Hostel

Das Generator Hostel ist ein bezahlbarer Geheimtipp: Die Lage mitten in der Innenstadt ist unschlagbar, und die Zimmerpeise sind es auch. Wer Schlafsäle nicht mag, übernachtet in einem privaten Doppel- oder Dreibettzimmer. Die sind klein, aber funktional und haben private Badezimmer. Ein Besuch in der Lounge im ersten Stock lohnt sich sogar für Einheimische, dort gibt es jeden Abend Programm und günstige Drinks und Snacks.

Adelgade 5, 1304 København K
www.generatorhostels.com/de

7 Llama

Die Cofoco-Gruppe betreibt einige der besten und populärsten Restaurants Kopenhagens mit fantastischem Essen zu günstigen Preisen. Auch das charmante Llama gehört dazu. Kein Wunder, dass es sich in der Gastro-Szene der Stadt schnell einen Namen gemacht hat. Die bunten Gerichte vereinen das Beste der südamerikanischen Küche: von Peru nach Bolivien, über Ecuador, Chile und bis nach Mexiko. Hauptgerichte gibt es schon ab 15 Euro.

Lille Kongensgade 14, 1074 København K
www.llamarestaurant.dk

Bobby, Silkegade

8 Magasin

Das Magasin ist das schickste Kaufhaus der Stadt. Eröffnet im Jahr 1870 und direkt gegenüber dem dänischen Staatstheater gelegen, versprüht es von außen noch heute den eleganten Charme der Jahrhundertwende. Innen geht es dagegen sehr modern zu. Auf sieben Etagen verkaufen exklusive Marken Kosmetik, Wohnaccessoires und Mode. Im Untergeschoss finden Sie die bestsortierte Lebensmittelabteilung der Stadt, dazu einige Restaurants und Cafés für eine kurze Pause.

Kongens Nytorv 13, 1095 København K
www.magasin.dk

9 Birger Christensen

Das exklusivste Modegeschäft der Stadt liegt mitten auf Kopenhagens langer Einkaufsmeile, der Strøget. Birger Christensen verkauft Mode der ganz großen Marken, dazu Schuhe und Accessoires. In den Regalen liegen Entwürfe von Ives Saint Laurent, Prada, Hermès oder Dolce & Gabbana, dazu gibt es auch Pelze „Made in Denmark". Birger Christensen ist außerdem die einzige Boutique der Stadt, die Kleidung von Chanel verkauft.

Østergade 38, 1100 København K

www.birger-christensen.com

10 Kunsthal Charlottenborg

Dieses ehemalige Zweitschloss der königlichen Familie beherbergt mittlerweile eine der größten Sammlungen moderner Kunst in Europa sowie die Königlich Dänische Kunstakademie. Die Ausstellungen wechseln dreimal jährlich und haben sehr unterschiedliche Schwerpunkte – das Programm reicht von Retrospektiven etablierter dänischer Künstler bis zu Werkschauen internationaler Newcomer.

Kongens Nytorv 1, 1051 København K
www.kunsthalcharlottenborg.dk

11 Jane Kønig

Jane Kønig ist eine der beliebtesten Schmuckdesignerinnen Dänemarks. In ihrem kleinen Shop, der an ihr Atelier angeschlossen ist, verkauft sie ihre filigranen Entwürfe. Inspiration findet Kønig im Zusammenspiel von Altem und Neuem, beispielsweise von Edelsteinen mit modernen Materialien. Besonders beliebte Souvenirs sind ihre „Love-Tags", kleine, runde Kettenanhänger mit geprägten Initialen, die sich die Kunden selber zusammenstellen können.

Gothersgade 54, 1123 København K

www.janekoenig.dk

12 The Standard

Claus Meyer ist in Kopenhagen allgegenwärtig. Der Mitinhaber des weltberühmten Sternerestaurants noma führt mittlerweile auch Delis und Bäckereien und betreibt Kochschulen. Sein neuester Streich, The Standard, ist ein Jazzclub, der direkt am Wasser in einem Art-déco-Gebäude aus dem Jahr 1937 untergebracht ist. Hinter der hellgrünen Fassade verbergen sich der Musikclub, drei Restaurants und zwei Bars. Ein wunderbarer Ort für Drinks und Livemusik!

Havnegade 44, 1058 København K
www.thestandardcph.dk

Die bunten Häuser rund um Nyhavn.

NYHAVN 17
17
NYHA

13 WoodWood

Wood Wood gilt mittlerweile als Aushängeschild der dänischen Mode. Die ersten Entwürfe des Labels waren reine Streetwear, die sich an Skater richtete. In den letzten Jahren kamen neben Hoodies, Kappen und Rucksäcken auch Kleider, Jacketts und Hemden dazu, die nun auf den Stangen hängen. Im großen Geschäft gibt's außerdem eine Auswahl an schickeren Marken wie Barbour, Band of Outsiders und Comme des Garçons.

Grønnegade 1, 1107 København K
www.woodwood.dk

14 Kaf Bar

Von außen sieht dieses kleine Café recht unscheinbar aus. Gut für uns, denn wenn sich herumsprechen würde, wie gemütlich es hier ist, wäre es vollkommen unmöglich, noch einen Platz zu ergattern. Das ist ohnehin nicht so einfach, die ausgefallenen Sitzplätze sind heiß begehrt. Das Warten lohnt sich. Betrieben wird das Café von den Schulfreunden Rasmus Damsbo und Mikkel Bang, und beide setzen auf köstlichen Kaffee und leckere Snacks aus ökologischen Zutaten, dazu gibt's Säfte, Tee und Kuchen.
Antonigade 9, 1106 København K

15 NN07

Die Initialen im Namen der dänischen Marke stehen für „No Nationality" und wollen Freiheit, Reise- und Abenteuerlust vermitteln. Zum Glück designt das Männermodelabel aber keine grelle Outdoorkleidung, sondern schöne und tragbare Basics für jeden Tag, sowie Hemden, Hosen und Anzüge. Außerdem gibt es eine große Auswahl an Jeans. Der Flagship-Store bietet sehr viel Platz zum Stöbern, mit viel hellem Holz, weißem Marmor und gemusterten Fliesen.

Gammel Mønt 7, 1117 København K

www.nn07.com

16 Casa Shop

400 Quadratmeter Einrichtungsglück mit dem besten Design aus aller Welt. In einem der beliebtesten Möbel- und Designshops Kopenhagens findet man Lampen und Möbel aus Italien und Spanien, Küchen und Badezimmermöbel aus Deutschland und natürlich die großen Klassiker aus Dänemark, darunter Arne Jacobsens „Egg" und „Swan Chair". Viele der kleineren Teile eignen sich als Souvenirs, und bei Fragen helfen die netten Angestellten gern weiter.

Store Regnegade 2, 1110 København K

www.casashop.dk

17 Rue Verte

Ein bisschen schummrig und verwinkelt ist es hier. Kein Wunder, der Laden liegt in einem Haus, das über 250 Jahre alt ist. Hinter jeder Ecke tut sich ein neuer Raum auf. Es wirkt fast wie in einer Wohnung, in der man in Ruhe stöbern und alles anfassen darf. Das Geschäft strotzt vor Samt, opulenten Mustern und geschwungenen Kerzenleuchtern. Kitschig wird das alles aber nie, dafür haben die Besitzer einen viel zu guten Geschmack.

Ny Østergade 11, 1101 København K

www.rueverte.dk

18 Ganni

Das Label Ganni designt seit 2000 Mode für Frauen und gewinnt immer mehr Fans. Das Geschäft in der Store Regnegade war der erste Flagship-Store der Marke, die mittlerweile 14 Läden in Dänemark, Norwegen, Großbritannien und Deutschland betreibt. Zwischen Palmen und Kakteen findet sich die aktuelle Kollektion des Labels, dazu Schuhe, Accessoires und Unterwäsche. Gannis Mode ist bunt, jung und oft von Vintage-Klassikern inspiriert.

Store Regnegade 12, 1110 København K

www.ganni.com

Casper, Kronprinsensgade

19 Storm

Storm setzt voll und ganz auf Concept Stores, die viele verschiedene Marken unter einem Dach vereinen. Der Fokus liegt auf exklusiven Stücken von großen Namen, es geht jung und etwas wild zu. Handtaschen und Kleidung französischer Labels wie Céline und Saint Laurent hängen neben cooler Streetwear von Pigalle, Wood Wood und Supreme. Die kleine Buchabteilung bietet eine tolle Auswahl an Design- und Kunstbüchern, außerdem gibt es coole Magazine.

Store** **Regnegade 1, 1110 København K

www.stormfashion.dk

20 Ørgreen Optics

Das Brillenlabel Ørgreen designt alle Modelle in Dänemark, bevor sie in Japan von Hand gefertigt werden. Eine große Auswahl finden Kunden im 150 Quadratmeter großen Geschäft der Marke, die berühmt für ihre verschiedenfarbigen Gestelle ist. Mit seinen grauen Steintreppen, den Holzskulpturen und Lichtinstallationen sieht der Laden fast wie eine Galerie aus. Neben den eigenen Modellen führt Ørgreen auch Sehhilfen von Reiz, Blinde, Zuerihorn und Ic! Berlin.

Store Regnegade 1, 1110 København K

www.orgreenoptics.com

21 Bering House of Flowers

Eric Bering eröffnete sein „House of Flowers" im Jahre 1972 und ist seitdem einer der berühmtesten Floristen Skandinaviens. Mittlerweile betreut sein Nachfolger Bjarne die Kunden, am Konzept hat sich aber nichts geändert: Opulente, vom Rokoko inspirierte Bouquets sind die Spezialität des Hauses. Und die sind so eindrucksvoll, dass Bering seit Jahren der offizielle Hoflieferant der dänischen Königin ist.

Landemærket 12, 1119 København K
www.beringflowers.com/en

22 HAN Kjøbenhavn

Das Label Han Kjøbenhavn startete als Brillenmanufaktur und produziert mittlerweile eine der besten Männermodekollektionen, die in den internationalen Modezeitschriften abgebildet ist. Hier gibt es klassische Schnitte und Formen, viel Denim und besonders schöne Strickpullover. Der beeindruckende Shop ist eines der schönsten Ladenlokale der Stadt. HAN führt als einziges Geschäft Dänemarks die exklusiven Düfte von Le Labo – ein teures, aber edles Mitbringsel.

Vognmagergade 7, 1120 København K
www.hankjobenhavn.com

ENHAVN

HAN

23 Baum und Pferdgarten

Trotz des deutsch anmutenden Namens ist Baum und Pferdgarten ein durch und durch dänisches Label. Gegründet wurde es 1999 von den Freundinnen Rikke Baumgarten und Helle Hestehave. In ihrem Flagship-Store zeigen die beiden, wofür ihre Entwürfe stehen. Es geht um Kontraste, dem Spiel zwischen femininen und maskulinen Elementen, rauen Stoffen und zarter Seide. Die Sitzecke ist so gemütlich, dass man hier einen ganzen Nachmittag verbringen könnte.

Vognmagergade 2, 1120 København K
www.baumundpferdgarten.dk

Ninna, Absalonsgade

24 DØP – The Organic Hot Dog Stand

Hot Dogs kann man in Kopenhagen an jeder Ecke kaufen, sie sind das inoffizielle dänische Nationalgericht. DØP macht die besten der Stadt, und zudem bio! Die Brötchen sind aus selbstgebackenem Vollkornbrot. Am beliebtesten bei den Einheimischen sind die Fransk Hot Dogs („französische Hot Dogs") mit einer speziellen Sauce, die in ein ausgehöhltes Brötchen gesteckt werden.

Købmagergade am runden Turm,
1150 København K
www.døp.dk/da/om-doep

25 Time's Up Vintage

Gerne secondhand, aber bitte edel? Wem es so geht, der ist bei Time's Up Vintage genau richtig. In diesem gemütlichen Geschäft im Souterrain findet man regelmäßig kleine Modeschätze: fast antike Chanel-Taschen, Hermès-Tücher in allen erdenklichen Farben oder historische Designerstücke. Günstig ist es dort deswegen also nicht. Dafür investiert man aber in zeitlose Klassiker, die zu Hause ganz sicher niemand hat. Auch Männer werden hier fündig!

Krystalgade 4, 1172 København K

www.timesupshop.com

26 Henrik Vibskov

Einer der größten Namen im hiesigen Modebusiness ist ohne Frage Henrik Vibskov. Der Künstler und Modedesigner ist dafür bekannt, breit gefächerte Mode zu kreieren, ohne dabei seine Avantgarde-Wurzeln zu verlassen. In seinem Flagship-Store verkauft er bunte Strickkreationen und wilde Schnitte, aber auch günstigere Accessoires wie Laptop-Hüllen oder Socken. Dazu gibt es High Fashion von Labels wie Yoshi Yamamoto.

Krystalgade 6, 1172 København K

www.henrikvibskovboutique.com

27 Democratic Coffee Bar

Bücher und eine gute Tasse Kaffee passen perfekt zusammen. Auf dieser Idee beruht die Democratic Coffee Bar in Kopenhagens Stadtbibliothek. Besitzer Oliver Oxfeldt brüht hier direkt neben dem Eingang zur Bibliothek einen der besten Kaffees der Stadt. Dazu serviert er selbstgebackene Croissants, die noch warm in der Auslage landen, belegte Paninis, Kuchen und Waffeln. Das hohe Bücherregal im Eingangsbereich enthält zahlreiche Magazine und Kunstbände, in denen man in Ruhe blättern kann.

Krystalgade 15, 1172 København K

28 Wardrobe 19

Die Schuhe stapeln sich im Bücherregal, Sakkos hängen an Pfeifen und neben den Hüten steht ein uraltes Telefon. Bei Wardrobe 19 sieht alles etwas anders aus. Das Geschäft führt Mode für Männer, die wissen, was ihnen steht. Heritage-Look heißt das in Modedeutsch und bedeutet ungebleichte Jeans, Karohemden und Jacketts, die auch dem Opa gut stehen würden. Stiefel und schicke Lederschuhe gibt's auch, außerdem edle Reisetaschen und natürlich Bartwichse.

Larsbjørnsstræde 19, 1454 København K
www.wardrobe19.com

Die königliche Leibgarde wacht am Schloss Amalienborg.

29 Project 4

Während die Herren bei Wardrobe 19 einkaufen, werden Frauen eine Tür weiter bei Project 4 fündig. Eine kleine Auswahl entspannter Mode verschiedener Labels findet man hier, der Laden ist aber vor allem wegen seiner tollen und günstigen Accessoires einen Besuch wert: Schuhe, Handtaschen sowie Portemonnaies aus weichem Leder, die von kleinen Labels hergestellt werden. Project 4 führt auch eine kleine Auswahl der besten lokalen Schmuckhersteller.

Larsbjørnsstræde 19, 1454 København K

www.project4.dk

30 Summerbird

Die beste Schokolade der Stadt! Jeder Kopenhagener kauft irgendwann bei Summerbird ein, die Patissiers sind bekannt für ihre kleinen süßen Kunstwerke für alle Lebenslagen, von Geburtstagsmandeln bis zu Mini-Schultüten zur Einschulung. Als Tourist sollte man hier unbedingt die Flødeboller probieren, gefüllte Schaumküsse in vielen Geschmacksrichtungen. Kosten Sie die Sorte mit Lakritz, und nehmen Sie auch ein paar Schokomandeln mit.

Ny Østergade 9, 1101 København K
www.summerbird.dk

31 Perch's

Bis auf das elektrische Licht ist in diesem Teegeschäft noch alles genau so, wie es zur Eröffnung im Jahre 1835 eingerichtet wurde. Die Angestellten tragen gestärkte Schürzen und der lose verkaufte Tee wird auf Waagen gewogen. Kaufen Sie eine Tüte von Königin Margarethes liebster Teemischung. Wenn Ihnen der Trubel zu viel wird, gehen Sie draußen einfach um die Ecke und die Treppe hoch. Im ersten Stock befindet sich der wunderbar altmodische Teesalon.

Kronprinsensgade 5, 1114 København K

www.perchs.dk

PERCH'S TEA ROOM
A.C. PERCH
KONGELIG HOFLEVERANDØR
KONGELIG HOFLEVERANDØR
A.C. PERCH'S THEHANDEL
A.C. PERCH'S THEHANDEL
LUKSUS DÅSESERIE
6 varianter
75,- pr stk.

32 The Jane

Eine Treppe führt hinunter in die Welt von Mad Men und Co. Das Ambiente ist geprägt von schummerigem Licht, breiten Chesterfield-Sofas und Bücherregalen voller alter Schmöker. In denen verbergen sich Geheimtüren, die am Wochenende zu weiteren Räumen führen. Das tolle Personal nimmt sich viel Zeit für eine gute Beratung. Und obwohl man jeden Moment damit rechnet, dass Don Draper durch die Tür kommt, ist das Rauchen hier natürlich verboten.

Gråbrødretorv 8, 1154 København K

www.thejane.dk

33 Acne

Das schwedische Mega-Label Acne betreibt drei Geschäfte in Kopenhagen. Im Straßenbild sind „Pistol Boots" und „Rita"-Lederjacken allgegenwärtig. Der größte und schönste Shop liegt im Zentrum und verkauft die aktuellen Frauen- und Männerkollektionen der Marke in einem Ambiente zwischen Club und Galerie. Wer es nicht ganz so stylish mag, der nimmt einfach ein Paar Jeans mit. Die sind bekannt für ihren guten Sitz und ihre Unzerstörbarkeit.

Pilestræde 40, 1112 København K

www.acnestudios.com/stores

34 Norse Projects

Bei Norse Projects dreht sich alles um skandinavische Männermode. Das kleine Label ist seit einiger Zeit sehr populär, besonders seine Caps und Hemden werden in den hipsten Boutiquen von Paris bis New York verkauft. In seinem Flagship-Store verkauft Norse seine komplette Kollektion sowie immer wieder limitierte Kollaborationen mit anderen Labels, die sonst schwer zu bekommen sind. Eine große Auswahl an Sneakers und Taschen rundet das Angebot ab.

Pilestræde 41, 1112 København K

www.norseprojects.com

NORSE PROJECTS

35 Maria Black

Obwohl die dänische Schmuckdesignerin mittlerweile in London lebt, ist sie ihrer Heimatstadt Kopenhagen noch sehr verbunden. Ihren neuen Store hat Marie Black liebevoll gestaltet, mit seinen edlen Tapeten und Schaukästen spiegelt er ihre Designs wider. Ihre Schmuckstücke bezeichnet sie selber als „Lego für Fashionistas". Durch Aufeinanderstecken, Kombinieren und Stapeln ergeben sich immer wieder neue Looks, die die Persönlichkeit der Trägerin unterstreichen.

Silkegade 13, 1113 København K

www.maria-black.com

36 Illums Bolighus

Mitten in Kopenhagen liegt dieses Paradies für Einrichtungsfans. Illums Bolighus ist viel mehr als ein Möbelgeschäft, die Bandbreite der angebotenen Artikel ist so groß, dass es als Museum für modernes Design durchgehen würde. Auf mehreren Etagen tummelt sich das Who is Who der Designszene, von absoluten Klassikern wie Eames und Arne Jacobsen bis zu den jungen Wilden der dänischen Szene. Im Erdgeschoss finden Sie Kleinigkeiten, die sich als Souvenir eignen.

Amagertorv 10, 1160 København K

www.illumsbolighus.dk

37 Illum

Während sich bei Illums Bolighus alles um Inneneinrichtung dreht, kümmert sich die große Schwester, das Kaufhaus Illum, um den ganzen Rest. Edel ist es hier, Marmortreppen führen in die verschiedenen Etagen, und es wimmelt nur so von freundlichen Verkäufern. In diesem Einkaufstempel findet man eine riesige Auswahl verschiedener Modelabels. Außerdem ist die Kosmetikabteilung im Erdgeschoss mit ihrem Fokus auf Naturkosmetik einen Besuch wert.

Østergade 52, 1100 København K
www.illum.dk

38 The Royal Cafe

Das Royal Cafe ist der Geburtsort des Smushi, dänisches Smørrebrød in handlicher Sushigröße, belegt mit Fisch, Aufschnitt oder Käse. Die herzhaften Happen sind weit über die Grenzen Kopenhagens hinaus berühmt. Der Raum mit den hohen Wänden ist mit dänischen Designklassikern von Fritz Hansen, Holmegaard und Bang & Olufsen eingerichtet, Pastelltöne, Blumenmotive und Bilder an der Wand verwandeln das Café in einen Mädchentraum.

Amagertorv 6, 1160 København K
www.royalsmushicafe.dk

39 HAY House

Kein Einrichtungsblog, kein modernes Interiormagazin und erst recht keine Hipster-Wohnung ist komplett ohne Produkte von HAY. Die dänische Möbel- und Wohnaccessoiresfirma ist in aller Munde. Und in ihrem großem Flagship-Store zeigt sie, warum: tolles Design und gute Qualität zu (relativ) günstigen Preisen. Ein Aufzug führt ins HAY House, und einmal angekommen, kann man durch die verschiedenen Räume schlendern, die wie eine Wohnung gestaltet sind.

Østergade 61, 1110 København K
www.hay.dk

40 Condesa

Das Motto des Condesa: Mexikanische Speisen treffen auf Cocktails. Das populäre Restaurant wird vom Team hinter dem beliebten Restaurant Dyrehaven in Vesterbro betrieben und serviert seinen Gästen frische mexikanische Gerichte wie Tacos und Ceviches. Viele Besucher kommen vor allem wegen der guten Margaritas und Palomas, beide Drinks kann man auch im Pitcher für den ganzen Tisch bestellen. Am Wochenende legen abends DJs auf.

Ved Stranden 18, 1061 København K

www.condesa.dk

41 Ruby

Ruby hat alles, was man sich von einer Cocktailbar wünscht. Die Bar liegt geheimnisvoll hinter einer unbeschilderten Tür versteckt, man kann sich aussuchen, ob man lieber am Fenster oder doch im gemütlicheren Keller sitzen möchte; und die Menschen hinter der Theke wissen wirklich, was sie tun. Abends wird es sehr voll, also besucht man Ruby besser am späten Nachmittag, wenn die Barkeeper viel Zeit für Erklärungen haben.

Nybrogade 10, 1203 København K
www.ruby.dk

42 Pede & Stoffer Mens

Dass Herrenausstatter nicht altbacken oder langweilig sein müssen, beweisen viele Geschäfte in Kopenhagen. Eines davon ist Pede & Stoffer Mens. Hier kann Mann sich stilvoll von oben bis unten einkleiden – gut aussehen wird es auf jeden Fall. Die Eigenmarke Pede & Stoffer produziert schöne Hemden, Jacken und Jeans. Außerdem führt das Geschäft auch andere Labels wie Wings & Horns aus Kanada oder Pendleton aus den USA.

Klosterstræde 15, 1157 København K

www.pedestoffer.com

43 La Glace

La Glace ist Dänemarks älteste – und vielleicht beste – Konditorei. Seit 1870 wird in dem Ladenlokal feines Gebäck, Kuchen und Kaffee serviert, mittlerweile steht die sechste Generation von Zuckerbäckern in der Backstube. Innen sieht es aus wie Ende des 19. Jahrhunderts: Messing, Glas und Mahagoni schmücken den Raum. Wer Tee, heiße Schokolade oder Kaffee bestellt, bekommt es in der Kanne serviert, aufgefüllt wird die, so oft man möchte. Die Torten sind ein Gedicht!

Skoubogade 3–5, 1158 København K
www.laglace.dk

44 Greasy Spoon

Ein klassisches amerikanisches Dinner mitten in Kopenhagen. Die Speisekarte ist typisch amerikanisch, der Look des Restaurants mit seinen roten Sitzecken und der offenen Küche ist es auch. Zur Auswahl stehen Burger, frittierte Zwiebelringe und Pommes, aber auch ein paar US-Klassiker, die auf europäischen Speisekarten noch Exotenstatus genießen: Pulled Pork Sandwiches, French Toast oder Maccaroni & Cheese. Dazu gibt es die besten Milkshakes der Stadt.

Studiestræde 14, 1455 København K

www.greasyspoon.dk

45 Wasteland

Lederjacken und Holzfällerhemden, Spitzenkleider aus den 1980ern und bunte Cheerleader-Uniformen: Wasteland hat sich auf Secondhandware aus den USA spezialisiert. Das Geschäft wimmelt nur so von mehr oder weniger geschmackvollen Ergüssen aus fast 50 Jahren amerikanischer Modegeschichte. Für einen Besuch bringt man am besten etwas Zeit mit. Auf den vollbehangenen Kleiderbügeln finden sich nämlich immer wieder einige Schätze.

Studiestræde 19, 1455 København K

www.facebook.com/wastelandcopenhagen

46 Hotel Alexandra

Wer hier eincheckt, begibt sich auf eine Zeitreise. Die komplette Einrichtung des Hauses besteht aus Originalen der 1950er und 1960er Jahre. Deluxe-Zimmer und Suiten sind jeweils einem dänischen Star-Designer gewidmet und mit dessen Entwürfen möbliert. Gäste können so im Stil von Finn Juhl, Verner Panton, Hans J. Wegner oder Arne Jacobsen übernachten. In der Lobby stehen LPs und Plattenspieler bereit, und eine große Büchersammlung wartet auf Leser.

H. C. Andersens Blvd. 8, 1553 København V

www.hotelalexandra.dk

HANSJØRGEN
VERNER
PANTON
NANNA
DITZEL
HOTEL ALEXANDRA

47 København K

Durch ein Tor betritt man den Innenhof, in dem dieses große Secondhandgeschäft liegt. Die Ware ist gut sortiert und nach Themen und Farben geordnet, so dass das Stöbern Spaß macht. Große Spiegel helfen bei der Entscheidung. København K bietet eine tolle Auswahl an Vintage-Schuhen und -Winterjacken. Frauen und Männer werden gleichermaßen fündig. Und wer sein neues Lieblingsstück hier nicht entdeckt, der schaut einfach in der zweiten København-K-Filiale ein paar Häuser weiter nach.

Studiestræde 32, 1455 København K

48 Wood Wood Museum

Offensichtlich haben die Skandinavier den Dreh raus, wenn es ums Outlet-Shopping geht. Das perfekte Beispiel dafür ist dieser Laden. Hier liegen keine Klamottenhaufen in den Ecken und die Teile gibt es auch nicht nur in den Größen XXS oder XXL. Das Outlet der beliebten dänischen Marke verkauft eine große Auswahl ihrer eigenen Designs, und dazu noch viele Einzelteile anderer Marken wie Kenzo, Gitman oder Opening Ceremony bis zu 70 Prozent reduziert.

Frederiksborggade 54, 1366 København K
www.woodwood.dk

49 Torvehallerne

Willkommen im Feinschmeckerhimmel! Die Torvehallerne sind große, überdachte Markthallen, die man vielleicht eher in Südeuropa oder London vermuten würde. Mehr als 80 Händler verkaufen ihre Waren: Es gibt frischen Fisch aus der Ostsee, kleine Cupcakes und unzählige lokale Spezialitäten aus allen Regionen des Landes, darunter Ochsenfleisch-Wurst oder Rhabarbersaft aus Bornholm. Viele der Stände verkaufen auch Snacks und warme Gerichte.

Frederiksborggade 21, 1360 København K
www.torvehallernekbh.dk

LET
MÆLK

Summerbird
LEMON
Summerbird
LIQUORICE
Summerbird
RASPBERRY
Summerbird
COFFEE LOVERS
Summerbird
MADAGASCAR SEA SALT

50 Höst

Höst sieht aus, als wäre es einem skandinavischen Möbelkatalog entsprungen: Die Einrichtung ist minimalistisch, die Wände roh verputzt und das Geschirr rustikal. All das soll den Besuchern das Gefühl vermitteln, als befände man sich auf einem Bauernhof mitten in Kopenhagens Innenstadt. Die Meisterköche konzentrieren sich auf lokale Zutaten und einfache Zubereitungen. Reservieren Sie am besten einen Tisch über die Website, bevor Sie anreisen.

Nørre Farimagsgade 41, 1364 København K
www.cofoco.dk/en/restaurants/hoest

51 SP34

Das Hotel SP34 ist relativ neu und hat sich prompt zum Lieblingshotel designverliebter Gäste gemausert. Sein Look ist ausgesprochen skandinavisch, praktisch und trotzdem immer schön anzusehen. Die Zimmer sind hell und großzügig, mit sehr bequemen Betten, und die zentrale Lage ist ein großer Pluspunkt. Nicht zu vergessen die tägliche „Weinstunde", in der es Wein aufs Haus gibt; schnelles, kostenloses WLAN; gute Preise und das Biofrühstück.

Jarmers Plads 3, 1453 København K
www.brochner hotels.dk/our-hotels/sp34/

ELEVATOR
TOILETS
ROOFTOP TERRACE
COCKS & COWS
BREAKFAST →
BAR MORITZ
DIN NYE VEN

52 Ny Carlsberg Glyptotek

Die Glyptotek wurde 1888 vom Carlsberg-Gründer gestiftet. Sie beherbergt eine antike Sammlung mit römischen, griechischen und etruskischen Artefakten und Kunst aus dem 19. und 20. Jahrhundert. Zum Geheimtipp wird das Museum durch seinen Wintergarten, in dem sich ein beliebtes Café befindet. Zwischen Palmen und Farnen stehen Marmorstatuen, dazu plätschert ein Brunnen. Hier fühlt sich Kopenhagen fast tropisch an. Sonntags ist der Eintritt frei!

Dantes Plads 7, 1556 København V

www.glyptoteket.dk

53 Toldboden

Neben der alten Zitadelle liegt Toldboden, eine alte Mehrzweckhalle, die mittlerweile als Veranstaltungsraum genutzt wird. Wer die Location nicht gleich mieten möchte, muss nicht auf das Vergnügen verzichten: Immer, wenn in den Sommermonaten die Sonne scheint, haben die Harbour Bar und der Grill geöffnet. Das Selbstbedienungsrestaurant bietet leckere Fischgerichte an, am Wochenende wird der beliebte Brunch serviert und in der Bar finden oft Konzerte statt.

Nordre Toldbod 24, 1259 København K
www.toldboden.com

JETTE EGELUND

Dänisches Design ist berühmt für seine zeitlose Eleganz. Vipp ist einer der bekanntesten dänischen Möbelhersteller mit einem Händchen für schöne Alltagsgegenstände und eine Firma fest in Familienhand. Jette Egelund, die Tochter des Gründers, erzählt, wie aus einer kleinen Metallwerkstatt eine Weltmarke wurde, was Design aus Dänemark so besonders macht, und verrät, wo in der Stadt ihre Lieblingsplätze sind.

Erzählen Sie uns etwas über die Geschichte der Firma?

Ich bin die Tochter des Firmengründers Holger Nielsen. Er gründete im Jahr 1931 eine kleine Metallfabrik. Das Geld dafür hatte er durch viel Glück bekommen: Er gewann bei einem Preisausschreiben ein Auto, doch weil er keinen Führerschein hatte, verkaufte er es und schaffte sich eine Metallwerkbank an. Ich wuchs ein paar Meter von der kleinen Fabrik auf.

Weltberühmt wurde Vipp durch einen Mülleimer. Was ist die Geschichte hinter diesem Stück?

Meine Mutter Marie führte ein kleines Friseurgeschäft und bat meinen Vater, ihr einen Mülleimer zu bauen, den sie ohne Hände bedienen konnte. So entstand der berühmte Treteimer. Holger war kein Designer, sondern Metalldreher. Für ihn folgte gutes Design immer der Funktion. Ich wünschte trotzdem, dass mein Vater erlebt hätte, wie sein Treteimer aus seiner kleinen Werkstatt den Weg ins MoMa in New York gefunden hat. Er wäre so stolz.

Wie kam der Eimer vom Friseursalon ins Museum?

Das war ein langer Weg. Viele Kundinnen meiner Mutter waren Arzt- und Zahnarztfrauen und meinten, dass der Eimer gut in die Praxen ihrer Männer passen würde. Das tat er! Aber damit wurde plötzlich der Treteimer in ganz Dänemark mit Arztpraxen assoziiert, niemand wollte ihn sich ins Haus stellen. Das kostete mich viel Überzeugungsarbeit.

Wie schafften Sie es dennoch?

Mein Vater verstarb 1992, und meine Mutter und ich erbten seine Fabrik. Ich kündigte meinen Job und lernte den Umgang mit den uralten Maschinen. Damals hatte Vipp nur einen einzigen Mitarbeiter, der mir half, die schweren Dinger zu bedienen. Anschließend tingelte ich durch die Welt, von Möbelmesse zu Möbelmesse, um Kunden zu finden. Irgendwann erkannten einige ausländische Designfirmen das Potenzial der Produkte. Und als es im Ausland gut lief, kauften plötzlich auch die Dänen unsere Eimer. Mittlerweile haben meine Kinder die Führung des Unternehmens übernommen, also die dritte Generation.

In Ihrem Vipp Concept Store in der Innenstadt Kopenhagens stehen aber beileibe nicht nur Mülleimer.

Absolut nicht! Die Eimer sind unser Markenzeichen, sie sind bis heute fast unverändert zum Originalentwurf meines Vaters, es gibt sie in fünf Größen. Mittlerweile fertigen wir viel mehr: Produkte für das Badezimmer und die Küche, zum Beispiel, vom Handtuchhalter bis zum Zahnputzbecher. Außerdem designt unser Team komplette Küchen. In all unseren Produkten verarbeiten wir immer noch viel Stahl und Gummi, genau wie mein Vater. Und immer geht es um kluges Design, um hochwertige Materialien und Langlebigkeit. Besonders stolz bin ich auf unsere kleine Porzellankollektion, die Annemette Kissow exklusiv für uns herstellt.

Was zeichnet dänisches Design aus?
Vielleicht ist es das, was mein Vater immer sagte, das berühmte „Form follows function". Das ist keine dänische Erfindung, aber wir Dänen folgen diesem Credo. Design kann das Leben schöner und leichter machen, beides ist wichtig.
Verraten Sie uns Ihre Lieblingsorte in Kopenhagen?
Ich liebe es, essen zu gehen. Und zum Glück gibt es in der Stadt eine riesige Auswahl an tollen Restaurants. Zum Beispiel das ***Kiin Kiin*** in Nørrebro, das erste asiatische Restaurant hier, das sich einen Michelin-Stern erkocht hat. Wie es da riecht! Ich besuche auch sehr gerne das ***Relæ*** (S. 134). Das Essen dort schmeckt toll. Die Küche ist bodenständig, aber sehr raffiniert.
Haben Sie Lieblingsgeschäfte?
Ich bin ein großer Fan dänischen Designs. Das gilt auch für meine Kleidung. Ich mag die Entwürfe von Malene Birger und stöbere sehr gerne im ***Magasin*** (S. 29). Außerdem mag ich die vielen kleinen Shops und Boutiquen in der Nachbarschaft und den Schmuck von ***Jane König*** (S. 32).
Wo verbringen Sie Ihre freien Tage?
Obwohl wir auch zusammen arbeiten, verbringe ich meine Zeit sehr gerne mit meiner Familie. So oft ich kann, besuche ich Konzerte in unserer neuen Vipp-Konzerthalle direkt neben unserem Büro. Ich liebe außerdem Spaziergänge und Radfahrten am Wasser – davon hat Kopenhagen zum Glück reichlich! Meine liebste Strecke mit dem Rad führt im Hafen entlang der Kalvebod Brygge zur neuen Cykelslangen, der beeindruckenden Brücke nur für Radfahrer. Von dort aus hat man auch einen tollen Blick auf die Königliche Bibliothek im „Black Diamond".

749.-
549.-

SHOPS

1 Munk
3 Sweet Treat
12 Kirkegaards Antikvariat

KUNST & KULTUR

4 Danish Architecture Center
6 Christiania
10 Overgaden

CAFÉ

7 Den Plettede Gris
9 Parterre

ESSEN

5 noma
8 Papirøen

NACHTLEBEN

2 Eiffel Bar

HOTEL

11 CPH Living

CHRISTIANSHAVN & ISLANDS BRYGGE

Christianshavn und Islands Brygge liegen direkt am Wasser. Hier geht es geruhsamer zu als in der belebten Innenstadt. Und obwohl beide Stadtteile direkt nebeneinander liegen, könnten sie unterschiedlicher nicht sein. Christianshavn wirkt mit seinen alten Häusern und verwinkelten Kanälen sehr pittoresk und ist die Heimat vieler Weltklasse-Restaurants. In Islands Brygge übertreffen sich internationale Top-Architekten regelmäßig mit modernen Entwürfen. Am besten entdeckt man beide Seiten zu Fuß.

1 Munk

Ein kleines, wunderbares Möbelgeschäft abseits der großen Einkaufsstraßen. Was Inhaber Hans Peter Munk aus dem riesigen Pool nordischen Designs herauspickt, passt perfekt zusammen. Vertreten sind einige bekannte Interior-Marken wie Muuto, Frama und Noness, dazwischen verstecken sich aber immer wieder Raritäten, die es in der ganzen Stadt nur hier gibt. Besonders die vielen Poster und Drucke sind einen Besuch wert!

Torvegade 25, 1400 København K
www.munkshop.dk

[CLOCK COUTURE]

Meat
Meat
Meat
Meat
LE PETIT VOYEUR

2 Eiffel Bar

Am Tresen sitzen die üblichen Verdächtigen, in der Sitzecke spielt eine Gruppe Schüler eine Runde Kniffel, ein Opa bedient den Spielautomaten – und alle rauchen Kette. Tagsüber ist die Eiffel Bar eine charmante Kneipe alten Schlags. Doch das ändert sich, sobald es dunkel wird. Dann kommen die jungen, hippen Großstädter. Die genießen das authentische Ambiente einer typischen Kopenhagener Bodega und die niedrigen Getränkepreise. Ein absolutes Unikat!

Wildersgade 58, 1408 København K
www.eiffelbar.dk

3 Sweet Treat

Sweet Treat ist zwar ein kleines Nachbarschaftscafé, doch es hat in der ganzen Stadt Fans. Das liegt vor allen Dingen an den namengebenden süßen Kleinigkeiten, die in der Vitrine auf dem Tresen liegen: Madeleines, Cookies und Kuchen – alles natürlich selbstgebacken. Dazu gibt's guten Kaffee und heiße Schokolade. Sehr beliebt ist das Frühstück. Wem das Geschirr oder Teile der Deko gefallen, der hat Glück. Viele der Sachen stehen zum Verkauf.

Sankt Annæ Gade 3A, 1416 København
www.sweettreat.dk

4 Danish Architecture Center

Dänische Architektur ist weltberühmt, viele der bedeutendsten Architekten und Stadtplaner der Welt stammen aus Dänemark. Und hier im Danish Architecture Center schlägt das Herz der Szene. Die regelmäßig wechselnden Ausstellungen befassen sich mit einzelnen Architekten oder Designströmungen, und im Shop gibt's die größte Sammlung an Büchern zum Thema in ganz Skandinavien.

Strandsgade 27B, 1401 København K
www.dac.dk

CITY
RULES
How Regulations
Affect Urban Form
CRADLE
WOHA

JAPANESE
Interior
Design

5 noma

Willkommen im besten Restaurant der Welt! Diesen Titel, vergeben vom britischen *Restaurant Magazine*, hat das noma seit dem Jahr 2010 schon viermal gewonnen. Das liegt vor allem an Chefkoch René Redzepi. Die Zutaten für seine malerischen Gerichte bezieht er aus Island, von den Faröer Inseln, aus Grönland und natürlich Dänemark, weswegen er als Erfinder der „New Nordic Cuisine" gilt. Wer hier essen möchte, sollte Monate vorher einen Tisch reservieren!

Strandgade 93, 1401 København K
www.noma.dk

Løvstræde

6 Christiania

In Christiania ticken die Uhren anders als im Rest der Stadt. Kein Wunder, schließlich ist dies ja ein „Freistaat", der gar nicht zu Dänemark gehören will. Rein rechtlich stimmt das natürlich nicht, aber trotzdem fühlt sich hier alles sehr undänisch an. Es ist chaotisch laut, die Häuser schief und knallbunt, und obwohl es illegal ist, wird Marihuana an Ständen verkauft, als sei es Gemüse. Bitte lassen Sie Ihre Kamera in der Tasche, Fotografieren ist streng verboten!

Bådsmandsstræde 43, 1407 København K
www.christiania.org

7 Den Plettede Gris

Direkt neben seinem Atelier am Wasser hat der Modedesigner und Künstler Henrik Vibskov vor Kurzem sein erstes eigenes Café eröffnet. Das ist kaum zu übersehen, denn mit seinen leuchtenden Farben, den vielen verwinkelten Linien und den aufwendigen Holzkonstruktionen schaut das Plettede Gris („das gepunktete Schwein") aus wie einer seiner beliebten Entwürfe. Zum Glück sieht das niedliche Haus nicht nur toll aus – der Kaffee hier ist einer der besten der Stadt.

Trangravsvej 5, 1436 København K

www.henrikvibskov.com

OPEN

Spannende Architektur am Ufer von Islands Brygge.

8 Papirøen – Copenhagen Street Food

Zwei Lagerhallen am Wasser beherbergen Copenhagen Street Food. Das Konzept ist so einfach wie genial: viele verschiedene Food Trucks, Sitzecken überall, es läuft gute Musik. Das Essen ist international, von mexikanischen Tacos bis zu dänischen Hot Dogs, die Zutaten immer frisch und aus der Umgebung, und jeder Stand bietet mindestens ein Gericht für nur 50 DKK an.

Trangravsvej 14, Halle 7&8,
1436 København K
www.copenhagenstreetfood.dk

CHUCHO
MEXICAN FOOD

JOIN US!
EVERY WEEK A NEW MEAL!
COOK YOURSELF!
1716580
DACU 01
12G1

9 Parterre

Ein altes Haus direkt am Christianshavn-Kanal beherbergt dieses kleine Café, das sich seit seiner Eröffnung zu einem Geheimtipp entwickelt hat. Der Name ist Programm: Der Gastraum liegt ein paar Stufen hinunter; und trotzdem ist es hier nicht dunkel und muffig, sondern lichtdurchflutet. Die Besitzer, ein Vater-und-Sohn-Team, servieren Kaffee der schwedischen Rösterei Koppi zu sehr günstigen Preisen sowie Frühstück, Mittagessen und Kuchen.

Overgaden Oven Vandet 90,
1415 København K

10 Overgaden

Das Kulturzentrum wurde 1986 von einer Gruppe dänischer Künstler gegründet und hat sich seitdem als Zentrum für moderne und experimentelle Kunst einen Namen gemacht. Die oft multidisziplinären Ausstellungen sind umjubelt und reichen von klassischer Malerei bis hin zu Videoinstallationen, die ein Schwerpunkt des Hauses sind. Overgaden erstreckt sich über zwei Etagen eines schönes Altbaus aus dem 19. Jahrhundert und liegt direkt am Wasser.

Overgaden Neden Vandet 17,
1414 København K | www.overgaden.org

11 CPH Living

Viel von Kopenhagens Charme rührt von der Nähe zum Wasser; Schiffe, das Meer und der Hafen sind in der Stadt allgegenwärtig. Wem das noch nicht maritim genug ist, der sollte eines der zwölf Zimmer in diesem umgebauten Frachtschiff buchen. CPH Living liegt am Ufer von Islands Brygge, jedes der schönen Zimmer hat große Panoramafenster, die den Blick auf die Stadt und den Kanal freigeben. Das gemütliche Sonnendeck ist nur für Hotelgäste geöffnet.

Langebrogade 1C, 1411 København
www.cphliving.com

12 Kirkegaards Antikvariat

Das kleine Antiquariat in Islands Brygge hat sich auf Fotografie-, Kunst- und Modebücher spezialisiert, das Angebot reicht von Raritäten bis zur Popkultur. Die Regale beinhalten sehr gut erhaltenen Schätze, und ein schmaler Durchgang führt in den hinteren Teil, in dem die wertvolleren Stücke ausgestellt sind. Obwohl das Geschäft sehr klein ist, finden regelmäßig Konzerte und Ausstellungen statt. Es lohnt ein Blick auf die Website.

Islands Brygge 25, 2300 København S
www.kirkegaardsantikvariat.tumblr.com

KADEAU

MAGNUS HØEG KOFOED &
NICOLAI NØRREGAARD

Die neue nordische Küche hat in den letzten Jahren die Gastronomiewelt erobert, und ihr Epizentrum bebt in Kopenhagen. Das Konzept ist simpel: gekocht wird ausschließlich mit lokalen, saisonalen Zutaten. Zu den größten Stars des Szene gehören die Macher des Kadeau, deren Kopenhagener Restaurant direkt am Wasser liegt. Hier erzählen uns zwei von ihnen ihre Geschichte.

Was ist die Geschichte des Kadeau?

Nicolai Nørregaard: Meine Geschäftspartner und ich sind Jungs aus Bornholm, einer kleinen Insel in der Ostsee. Wir sind nach Kopenhagen gezogen, aber das Inselleben und vor allem die frischen Produkte haben wir immer vermisst. Also hatten wir die Idee, ein Restaurant zu eröffnen und haben recht schnell ein tolles Haus direkt am Strand gefunden. Zum Glück war das noch vor der Krise, wir mussten das alles mit Krediten finanzieren. Danach ging alles sehr schnell.

Magnus Høeg Kofoed: Wir hatten knappe zwei Wochen, um alles in Eigenregie zu renovieren. Mehr als 30 Freunde haben uns geholfen. Das Konzept war damals noch nicht Gourmetküche, sondern einfach nur ehrliches, gutes Essen.

Wann wurde daraus Spitzengastronomie?

M.H.K.: Ein Jahr später, 2008. Das noma hatte eingeschlagen wie eine Bombe, aber außer dem Team um René Redzepi scherte sich niemand um nordische Küche. Wir fanden den Ansatz, nur mit lokalen Zutaten zu kochen, sehr sympathisch und begrenzten uns sogar noch mehr als die anderen: Wir wollten ausschließlich mit Produkten aus Bornholm und Dänemark arbeiten.

N.N.: Das war schwierig, aber inspirierend. Diese Einschränkungen haben mich kreativ werden lassen. Es gibt eben nur Karpfen, Lachs, Hering und Makrelen in der Ostsee, also muss ich immer neue Wege finden, aus diesen Zutaten neue Gerichte zu entwickeln. Wir fingen schnell an, in Wald und Wiesen zu stöbern und haben Beziehungen zu den örtlichen Bauern aufgebaut.

Und wie wurde aus dem Restaurant auf Bornholm ein Michelin-Restaurant in Kopenhagen?

N.N.: Das hatte zwei Gründe. Rasmus, mein Geschäftspartner, und ich sind im Jahr 2010 Väter geworden, unsere Familien leben in Kopenhagen. Und unser Restaurant auf Bornholm war nur im Sommer geöffnet. Die Insel ist ein Touristenmagnet, im Winter aber ist es dort wie ausgestorben. Wir wollten also mehr Zeit für unsere Familien haben und außerdem nur die drei Sommermonate auf Bornholm verbringen.

Was macht Kadeau in Kopenhagen aus?

M.H.K.: Obwohl unser Restaurant mitten in Kopenhagen liegt, sind unsere Wurzeln ganz klar auf Bornholm. Unser Ziel beim Kochen ist es immer, die wunderbaren Geschmäcker und Gerüche unserer geliebten Insel einzufangen und sie nach Kopenhagen zu transportieren. Das Restaurant hier ist zwar modern eingerichtet, dominieren soll aber trotzdem immer das Insel-Gefühl. Das transportieren wir mit all den frischen Kräutern, mit der Keramik, lokaler Kunst und dem Ambiente der Insel.

Wie transportieren Sie den Geschmack Bornholms nach Kopenhagen?

N.N.: Das ist eine Herausforderung. Nicht so sehr wegen der frischen Produkte, die bekommen wir in die Stadt geliefert. Aber die Saisonware ist im Winter natürlich spärlich. Also sammeln wir im Sommer, was wir können, und kochen so ziemlich alles was geht ein.

Und im Sommer schließen Sie das Restaurant in Kopenhagen und ziehen mit dem ganzen Team auf die Insel?

N.N.: Ja, genau. Für fünf Wochen zieht der ganze Tross nach Bornholm. Wir wohnen alle auf einem alten Bauernhof, kochen und ernten.

Neben den zwei Kadeaus betreiben Sie außerdem noch das Restaurant Pony in Vesterbro. Was hat es damit auf sich?

M.H.K.: Pony ist der kleine, freche Bruder des Kadeau. Das Restaurant befindet sich in der Vesterbrogade – den alten Räumlichkeiten des Kadeau. Dort dreht sich alles um eine simplere Version unserer Küche. Es gibt eine kleine Auswahl von À-la-carte-Gerichten und jeden Tag ein viergängiges Menu, den „Pony Kick".

N.N.: Die Gerichte basieren immer auf saisonalen und lokalen Produkten, in diesem Sinne kann man Pony – genau wie Kadeau – zur New-Nordic-Bewegung zählen. Trotzdem kochen wir dort klassische Bistroküche, mit Produkten aus Bornholm, aber auch aus dem leckeren Rest von Dänemark. Wir servieren eine Auswahl europäischer Weine, von Winzern gemacht, die noch richtig Erde an ihren Stiefeln kleben haben und deren Wurzeln tief in ihrer Heimaterde stecken.

M.H.K.: Die Räumlichkeiten sind klein, die Küche ist klein, aber unsere Leidenschaft für gutes Essen und Trinken ist umso größer. Wir möchten, dass die Gäste einen gemütlichen Abend ohne Schnickschnack erleben, der durch fantastisches Essen und tolle Weine noch besser wird.

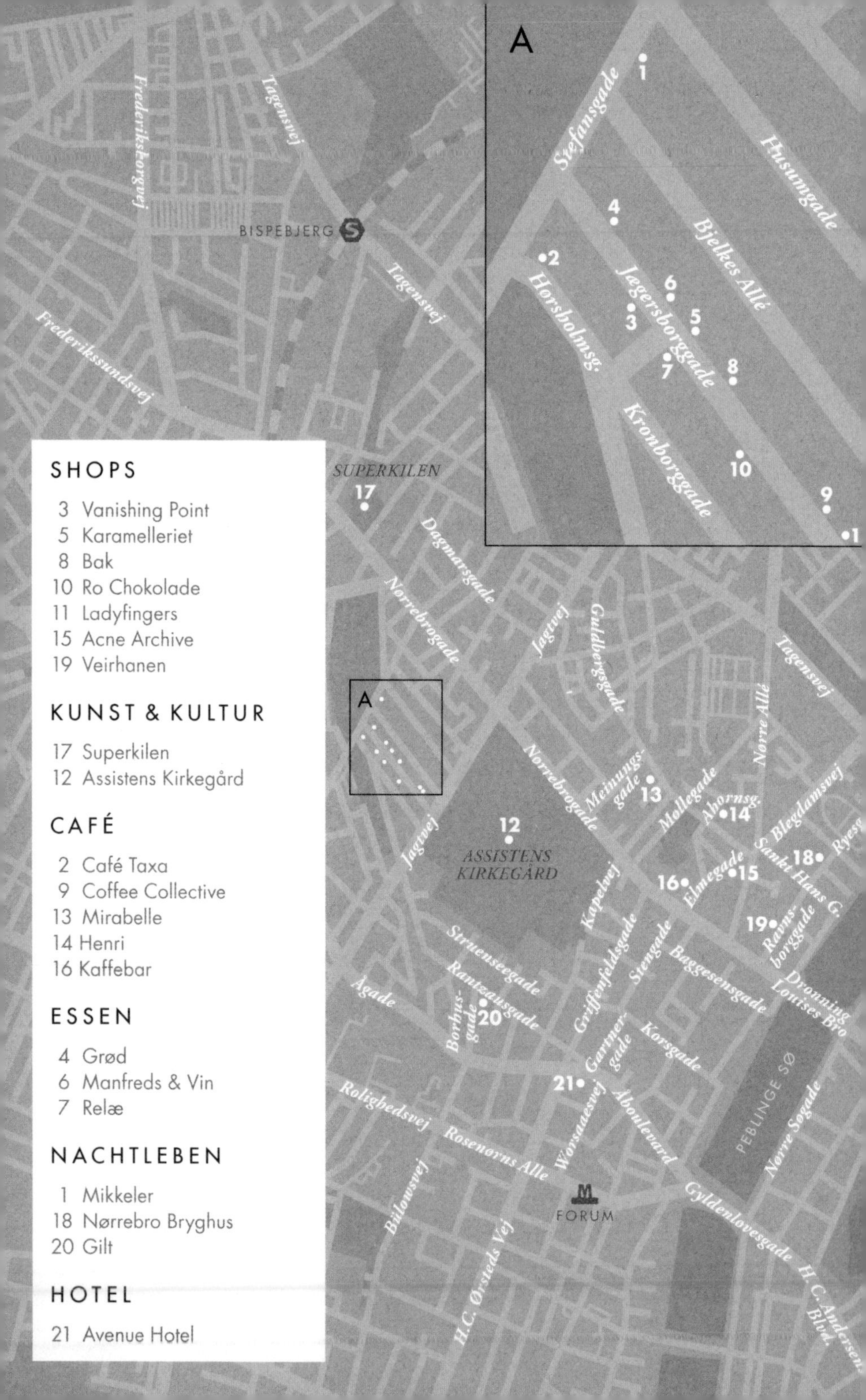

SHOPS

3 Vanishing Point
5 Karamelleriet
8 Bak
10 Ro Chokolade
11 Ladyfingers
15 Acne Archive
19 Veirhanen

KUNST & KULTUR

17 Superkilen
12 Assistens Kirkegård

CAFÉ

2 Café Taxa
9 Coffee Collective
13 Mirabelle
14 Henri
16 Kaffebar

ESSEN

4 Grød
6 Manfreds & Vin
7 Relæ

NACHTLEBEN

1 Mikkeler
18 Nørrebro Bryghus
20 Gilt

HOTEL

21 Avenue Hotel

NØRREBRO

Nørrebro ist ein bisschen chaotisch, kreativ und multikulturell. Westlich der Innenstadt gelegen, reihen sich vegane Imbisse an winzige Vintage-Shops, dazwischen liegen Dönerbuden und Friseursalons. Tagsüber spielt sich das Leben im ehemaligen Arbeiterviertel in den Cafés, Parks und Geschäften ab, abends füllen sich die vielen Bars und Clubs mit feierwütigen Studenten und jungen Kreativen. Hier lernt man ein anderes, buntes Kopenhagen kennen, das nicht ganz so ordentlich, aber verdammt sympathisch ist.

1 Mikkeller

Mikkel Borg Bjergsø arbeitete als Mathe- und Physiklehrer in Kopenhagen. Nach dem Unterricht brachte er zwei Schülern das Bierbrauen bei – die beiden waren so erfolgreich, dass sie ihre eigene kleine Brauerei eröffneten. Sie schlossen sich mit ihrem ehemaligen Lehrer zusammen, und Mikkeller war geboren. Die schönste Bar der drei befindet sich in Nørrebro. 40 verschiedene Biersorten gibt's hier frisch gezapft, die Auswahl wechselt jeden Monat.

Stefansgade 35, 2200 København N
www.mikkeller.dk

BA SNOWBALL
40
BA SANS FRONTIER
40
39
MIKKELLER
MINE IS BIGGER THAN YOURS
12.5% MUSCATE
45
40
MIKKELLER
Mikkeller

2 Café Taxa

Café Taxa ist ein echter Nachbarschaftstreffpunkt. Im großen, verwinkelten Gastraum ist von morgens bis abends immer etwas los. Studenten lernen zusammen für ihre Klausuren, junge Eltern kommen mit ihren Kindern, und Freiberufler sind stundenlang vertieft in ihre Laptops. Günstiges, frisch zubereitetes Essen wird den ganzen Tag lang serviert, und sobald die Sonne scheint, ist die große Terrasse direkt neben dem Nørrebropark der beste Ort, um frische Luft zu tanken.

Hørsholmsgade 32, 2200 København N

www.cafetaxa.dk

3 Vanishing Point

Die Jægersborggade ist eine der beliebtesten Straßen der Stadt, die besonders die jungen Kreativen anzieht. Hier haben sich viele kleine unabhängige Geschäfte angesiedelt. Und so dauert ein Bummel über die nur ein paar hundert Meter lange Straße gerne einmal mehrere Stunden. Vanishing Point ist das Atelier und Geschäft der norwegischen Künstlerin Sigrid Astrup, die dort ihre witzigen Kreationen aus Keramik, Wolle und Papier verkauft.

Jægersborggade 45, 2200 København N
www.vanishing-point.dk

4 Grød

Kopenhagener mögen es gesund, viele Restaurants und Supermärkte bieten eine große Auswahl an ökologisch angebauten Produkten an. Grød ist eines davon. Der Name lässt sich am besten mit „Porridge" oder „Haferbrei" übersetzen, und das ist genau das, was die Inhaber Martin Daniali und Lasse Skjønning Andersen servieren. Gerichte wie Dinkel mit Maronencreme, Äpfeln und gerösteten Mandeln geben gesunde Energie für den ganzen Tag.

Jægersborggade 50, 2200 København N

www.groed.com

5 Karamelleriet

Schokolade, Toffee, süßes oder kräftiges Lakritz – die Karamelleriet stellt Karamellbonbons in allen erdenklichen Geschmacksrichtungen her. Das Geschäft im Souterrain ist gleichzeitig die Zuckerbäckerwerkstatt, der Geruch von handgemachten Süßigkeiten lockt Besucher schon von draußen herein. Neben den liebevoll verpackten Geschenkboxen stehen Holztrommeln mit losen Bonbons. So kann sich jeder seine eigene Lieblingsmischung zusammenstellen.

Jægersborggade 36, 2200 København N
www.karamelleriet.com

6 *Manfreds & Vin*

Gutes Essen spielt in Kopenhagen eine wichtige Rolle, die Dichte an Gourmetrestaurants und Michelin-Sternen beweist das. Doch natürlich sind diese Etablissements keine Lokale für jeden Tag. Einige Sterneköche setzen deswegen in Zweitrestaurants auf bodenständigeres Essen zu günstigeren Preisen. So ist es auch bei Manfreds & Vin, dass von den Besitzern von Relæ direkt gegenüber betrieben wird. Hier stehen auch Bioweine auf der Karte.

Jægersborggade 40, 2200 København N
www.manfreds.dk

Rie, Istedgade

7 Relæ

Das Restaurant unter Küchenchef Christian Puglisi ist vielleicht das unprätentiöseste unter den Sternerestaurants Kopenhagens. Der dänische Koch mit italienischen Wurzeln kocht feinstes Essen auf höchstem Niveau, und trotzdem geht es bei Relæ immer entspannt und gemütlich zu. Vielleicht ist das auch der Grund, warum so viele der berühmten Köche der Stadt das Lokal zu ihrem Lieblingsrestaurant erkoren haben. Auch hier gilt: besser frühzeitig reservieren!

Jægersborggade 41, 2200 København N
www.restaurant-relae.dk

8 Bak

Dieses Geschäft ist ein wunderbares Sammelsurium schöner Dinge. Es stapeln sich Kerzen, Gläser und Keramik auf den Regalen, dazwischen stehen Kakteen und Sukkulenten sowie ein paar ausgesuchte und aufpolierte Vintage-Möbelstücke. Eine kleine, aber feine Auswahl an Magazinen und Schreibwaren rundet das Angebot ab und lockt Kunden mit Sinn für schöne Alltagsgegenstände in den Laden. Da macht es auch nichts, dass Bak noch nicht einmal ein Schild an der Tür hat.

Jægersborggade 30, 2200 København N

9 Coffee Collective

Das Coffee Collective hat guten Kaffee nach Kopenhagen gebracht und steht in Coffee Shops auf der ganzen Welt für die hohe Kunst des Kaffeeröstens. Die Mikrorösterei betreibt mittlerweile drei Cafés in der Stadt, die immer gut besucht sind. Hier in der Jægersborggade holen sich die meisten Kunden ihren Flat White oder Espresso zum Mitnehmen, es gibt nur wenige Sitzplätze. Die Baristas gehören zu den besten ihrer Zunft und helfen gerne bei der Auswahl.

Jægersborggade 10, 2200 København N
www.coffeecollective.dk

10 Ro Chokolade

Noch ein winziges Geschäft, das es in sich hat. Ro Chokolade verkauft Pralinen und Schokolade, die in der kleinen Werkstatt hinter der Theke von Hand gefertigt werden. Dabei achten die Besitzer auf beste Zutaten und arbeiten für ihre edlen Kreationen mit echtem Champagner, Biohonig und feiner Schokolade aus der ganzen Welt. Ein Besuch lohnt zu jeder Jahreszeit: Im Sommer verkauft der Shop selbstgemachtes Eis, im Winter die beste heiße Schokolade.

Jægersborggade 25, 2200 København N
www.ro-chokolade.com

Bunte Schilder weisen auf der Jægersborggade zu den besten Shops.

KUNST
MUSIK
KERAMIK

11 Ladyfingers

Sechs Schmuckdesignerinnen haben sich zusammengeschlossen, um gemeinsam Ladyfingers zu eröffnen. Und das Ergebnis ist ein wahr gewordener Mädchentraum. Obwohl die Designerinnen alle unterschiedliche Stile und Herangehensweisen haben, passen ihre Kreationen doch hervorragend zusammen. Der Schmuck ist filigran, minimalistisch, von geometrischen Formen geprägt und wirkt doch immer weiblich. Besonders attraktiv sind außerdem die günstigen Preise.

Jægersborggade 4, 2200 København N
www.lady-fingers.dk

12 Assistens Kirkegård

Egal, wie hektisch es auf den Straßen drumherum zugeht, hier, zwischen den hohen Bäumen des Assistens Kirkegård, herrscht immer eine himmlische Ruhe. Auf dem Friedhof sind viele berühmte Menschen begraben, darunter der dänische Nationalheld Hans Christian Andersen, Søren Kirkegaard und einige berühmte amerikanische Jazzmusiker, die während der 1950er und 1960er Jahre in Kopenhagen lebten wie Ben Webster oder Kenny Drew.

Kapelvej 4, 2200 København N

www.assistens-kirkegaard.dk

13 Mirabelle

Gute Bäckereien sind der letzte Schrei in Kopenhagen, überall eröffnen Backstuben, die auf Bio-Zutaten und Handarbeit setzen. So ist es auch bei der Mirabelle Bakery in Kapelvej. Sie gehört Christian Puglisi, dem Ex-noma-Koch und Besitzer von Relæ, und teilt sich ein Gebäude mit dessen neuer Pizzeria Baest. Deswegen bekommt man hier nachmittags auch wunderbare Pizza, außerdem Süßes und natürlich wunderbares dänisches Brot.

Guldbergsgade 29, 2200 København N

14 Henri

Die gestreifte Stange im Fenster verrät es bereits: Henri ist ein klassischer Barbershop. In den hübsch geklinkerten Räumen ist alles vintage und uramerikanisch, von den Friseurstühlen über die Musik bis hin zur Pomade. Einmal in der Woche kommt ein über 70-jähriger Friseurmeister, den Rest der Zeit schneiden und rasieren seine jungen Kollegen. Frauen werden hier nicht frisiert, sie können sich stattdessen im vorderen Teil des Geschäfts entspannen, der ein gemütliches Café beherbergt.

Ahornsgade 25, 2200 København N

15 Acne Archive

Ganz am Anfang der Elmegade liegt das Acne Archive. Der Laden gilt unter Modefans als Geheimtipp und ist unbedingt einen Besuch wert. Die schwedische Luxusmarke verkauft in dem schmalen Geschäft Einzelteile und Kleidung aus vergangenen Kollektionen für einen Bruchteil des oft heftigen Originalpreises. Im Outlet findet sich sowohl Frauen- als auch Männermode, außerdem Schuhe und Taschen. Im hinteren Teil wartet eine große Auswahl an Jeans auf Käufer.

Elmegade 21, 2200 København N

www.acnestudios.com

16 Kaffebar

Das beliebte Café wechselt regelmäßig seinen Namen, am Konzept ändert sich aber zum Glück nichts. Hier trinkt man sehr guten Kaffee in entspannter Atmosphäre, wenn die Sonne scheint, sitzen die meisten Gäste auf Bierbänken auf dem Bürgersteig vor dem Lokal. Morgens gibt's ein einfaches, aber leckeres Frühstück für wenig Geld und mittags stehen warme Paninis auf der Speisekarte. Dazu werden frische Säfte und eine kleine Auswahl guter Weine serviert.

Elmegade 4, 2200 København N
www.elmegade4.dk

17 Superkilen

Der Park ist unterteilt in drei Bereiche – rot, grün und schwarz. Superkilen ist ein riesiger Spielplatz für Erwachsene mit überlebensgroßen Souvenirs aus der ganzen Welt. In Nørrebro leben Menschen aus mehr als 50 Nationen, und einige Bewohner hatten die Möglichkeit, typische Objekte aus ihren Herkunftsländern für den Park auszuwählen. Wenn Sie sich umschauen, entdecken Sie ein Donut-Schild aus Tennessee, den berühmten Osborne-Bullen aus Südspanien und Bänke aus Brasilien.

Nørrebrogade 210, 2200 København N

МОСКВИЧ
café

18 Nørrebro Bryghus

Das Nørrebro Bryghus ist das Reich von Anders Kissmeyer, einem preisgekrönten Brauer, der mit seinem Team im hinteren Teil des alten Gebäudes die Produktion leitet. Bis zu zehn verschiedene Biersorten, die man an der Bar im Keller oder im Restaurant im ersten Stock probieren kann, entstehen so jeden Tag. In der Gaststube wird klassische dänische Hausmannskost zum Bier serviert, auf der Karte steht Deftiges. Die schönen Flaschen kann man auch mitnehmen.

Ryesgade 3, 2200 København N

www.noerrebrobryghus.dk

19 Veirhanen

In der Ravnsborggade reihen sich die Antik- und Secondhandgeschäfte dicht aneinander, die Straße ist stadtbekannt als Fundgrube für alte Schätze. Veirhanen ist einer dieser Läden, vollgepackt bis unter die Decke mit altem Geschirr, Lampen, Stühlen, Kommoden und Dekoartikeln. Außerhalb der Stadt hat Besitzer Niels Tryde noch eine ganze Lagerhalle voller Möbel. Wer nach etwas Bestimmten sucht, sollte also nicht zögern, einmal nachzufragen.

Ravnsborggade 12, 2200 København N
www.veirhanen.dk

20 Gilt

Was die gefeierten Köche der New-Nordic-Bewegung können, schaffen die Barkeeper bei Gilt auch. Hier stehen lokale, nordische Produkte und längst vergessene Geschmacksrichtungen im Fokus. Besitzer Peter Altenburg hat 20 Jahre Mix-Erfahrung und arbeitet vor allem mit skandinavischen Zutaten wie Rhabarber, Holunderblüten und Sanddorn. Die Bar liegt versteckt hinter einer unscheinbaren Tür, dahinter wird es edel mit viel Holz und tiefen Ledersesseln.

Rantzausgade 39, 2200 København N
www.gilt.dk

21 Avenue Hotel

Das preisgekrönte Boutiquehotel liegt genau auf der Grenze zwischen Frederiksberg und Nørrebro, ideal zum Erkunden der beiden Stadtteile und der Innenstadt. Das Gebäude aus dem 19. Jahrhundert wurde vom selben Architekten gestaltet, der auch den prunkvollen Eingang zum berühmten Tivoli-Vergnügungspark entworfen hat. Die Zimmer sind modern und gemütlich eingerichtet, WLAN ist überall im Hotel kostenlos und im gemütlichen Innenhof brennt ein Lagerfeuer.

Åboulevarden 29, 1960 Frederiksberg C

www.avenuehotel.dk

TIKKIE OESTRICH IVERSEN

Tikkie Oestrich Iversen alias Adelié ist eine von Dänemarks beliebtesten Modebloggerinnen. Seit mehreren Jahren bringt sie ihren fantastischen Stil in ihrem Shop in der Guldbergsgade in Nørrebro unter die Leute. Dort verkauft sie Stücke ihrer liebsten (und vor allem dänischen) Designer, darunter Stine Goya, Peter Jensen und Libertine-Libertine. Im Interview erklärt sie uns den dänischen Stil und den Stadtteil.

Wer ist Adelié?
Adelié ist mein Alter Ego, meine Modepersönlichkeit. Und außerdem ist es das Geschäft, in dem wir gerade stehen.
Erzählen Sie uns ein bisschen darüber.
Adelié hat als Modeblog angefangen, als *adelie.dk*. Online habe ich über neue Modetrends geschrieben, über Marken, die mir gefielen, und habe täglich meine Outfits gezeigt. So hatte ich schnell eine treue Leserschaft. Das gute Feedback brachte mich auf die Idee, meinen eigenen Onlineshop zu eröffnen. Dort verkaufte ich, was ich selber trage oder gerne tragen würde. Bloggen ist international, und ich mochte den Gedanken, dass auch meine internationalen Leser bei mir einkaufen können.
Trotzdem haben Sie irgendwann Ihr Geschäft in der Guldbergsgade eröffnet. Wie kam es dazu?
Viele meiner Kunden wollten die Kleidungsstücke gerne anprobieren, bevor sie sie kaufen. In meiner Wohnung ging das natürlich nicht. Als vor zweieinhalb Jahren dieses kleine Ladenlokal in meiner Nachbarschaft leer stand, habe ich die Chance genutzt und einen richtigen Laden eröffnet. Der vervollständigt jetzt das kleine Adelié-Universum.
Sie wohnen also in Nørrebro?
Ja, ich liebe Nørrebro und wohne direkt an den Seen, fünf Minuten Fußweg von hier. Deswegen kenne ich mich im Viertel gut aus und fand immer, dass hier ein richtiges Modegeschäft fehlt. Bevor ich Adelié eröffnet habe, gingen die Leute in die Innenstadt oder nach Vesterbro, um all die Marken zu bekommen, die ich jetzt im Laden verkaufe. Da war eine klare Marktlücke, die ich füllen konnte. Zuvor konnte man in der Nachbarschaft eigentlich nur Street Wear oder Secondhand-Klamotten kaufen.
Was gefällt Ihnen an Ihrem Viertel?
Nørrebro fühlt sich im besten Sinne an wie ein Dorf. In der Innenstadt arbeiten die Leute, es ist hektisch und geschäftig. In Vesterbro gehen die Kopenhagener aus, auch dort ist das Tempo ziemlich hoch. In Nørrebro ticken die Uhren langsamer. Hier gibt es viel Grün, mehr frische Luft und viel Licht. Das mag ich.
Wie würden Sie den Stil der Kopenhagener Frauen beschreiben?
Der Kopenhagener Stil ist lässig und kreativ. Wir mischen gerne verschiedene Stile und kombinieren zum Beispiel hübsche und feminine Teile mit typisch männlichen Accessoires wie Turnschuhen oder weiten Schnitten. So wird es nie zu niedlich und bleibt spannend. Ich mag das sehr gern, und dieser Kontrast ist in der Modeszene mittlerweile fast schon zum dänischen Markenzeichen geworden. Die ganze Fashionszene spricht im Moment vom Trend des Normcore, dem Phänomen, dass immer mehr Modemenschen plötzlich ganz normale Klamotten tragen und das als Statement nutzen. Wir in Dänemark machen das schon seit Jahren. Und Sneaker sind hier schon immer

absolut gesellschaftsfähig, plötzlich sind sie das auch in Paris und Mailand.

Warum haben die Dänen so einen guten Geschmack?

Das ist eine gute Frage! Ich glaube, dass Design in unserer skandinavischen DNA liegt. Wir haben wenig Industrie, stattdessen suchen wir nach smarten Lösungen für alle möglichen Probleme. Wir sind ein kleines Land, das durch gutes Design auf sich aufmerksam gemacht hat. Und das spiegelt sich auch in unserem Alltag wider, in der Art und Weise, wie wir unsere Wohnungen einrichten und wie wir uns kleiden. Außerdem sind wir eben sehr skandinavisch: unprätentiös, praktisch und edel auf den zweiten Blick.

Wo gibt es in Nørrebro das beste Frühstück?

Wenn wir in Dänemark nur Zeit für ein schnelles Frühstück haben, essen wir Käsebrötchen. Dafür, zusammen mit einer guten Tasse Kaffee, würde ich zur ***Kaffeplantagen*** am Sankt Hans Torv gehen. In der ***Kaffebar*** (S. 147) in der Elmegade bestelle ich gerne Roggenbrot und Rühreier. Beide Läden sind unprätentiös und gemütlich. Und die ***Mirabelle Bakery*** (S. 142) ist meine neueste Entdeckung. Das Sauerteigbrot schmeckt fantastisch.

Und was sind Ihre Lieblingsrestaurants in der Gegend?

In letzter Zeit haben viele Restaurants unten am Wasser eröffnet, wo ich wohne. Eine tolle Pizzeria namens ***Gran Torino*** zum Beispiel, sehr gemütlich und mit günstigem Wein. Außerdem mag ich das ***20a*** in der Ravnsborggade, ein Tapasrestaurant, in dem ich einfach das Tagesgericht bestelle – das schmeckt dort immer. Wenn es etwas Besonderes sein soll, gehe ich zu ***Manfreds*** oder ins ***Relæ*** (S. 134).

DONT COUNT
HE DAYS
THE
UNT

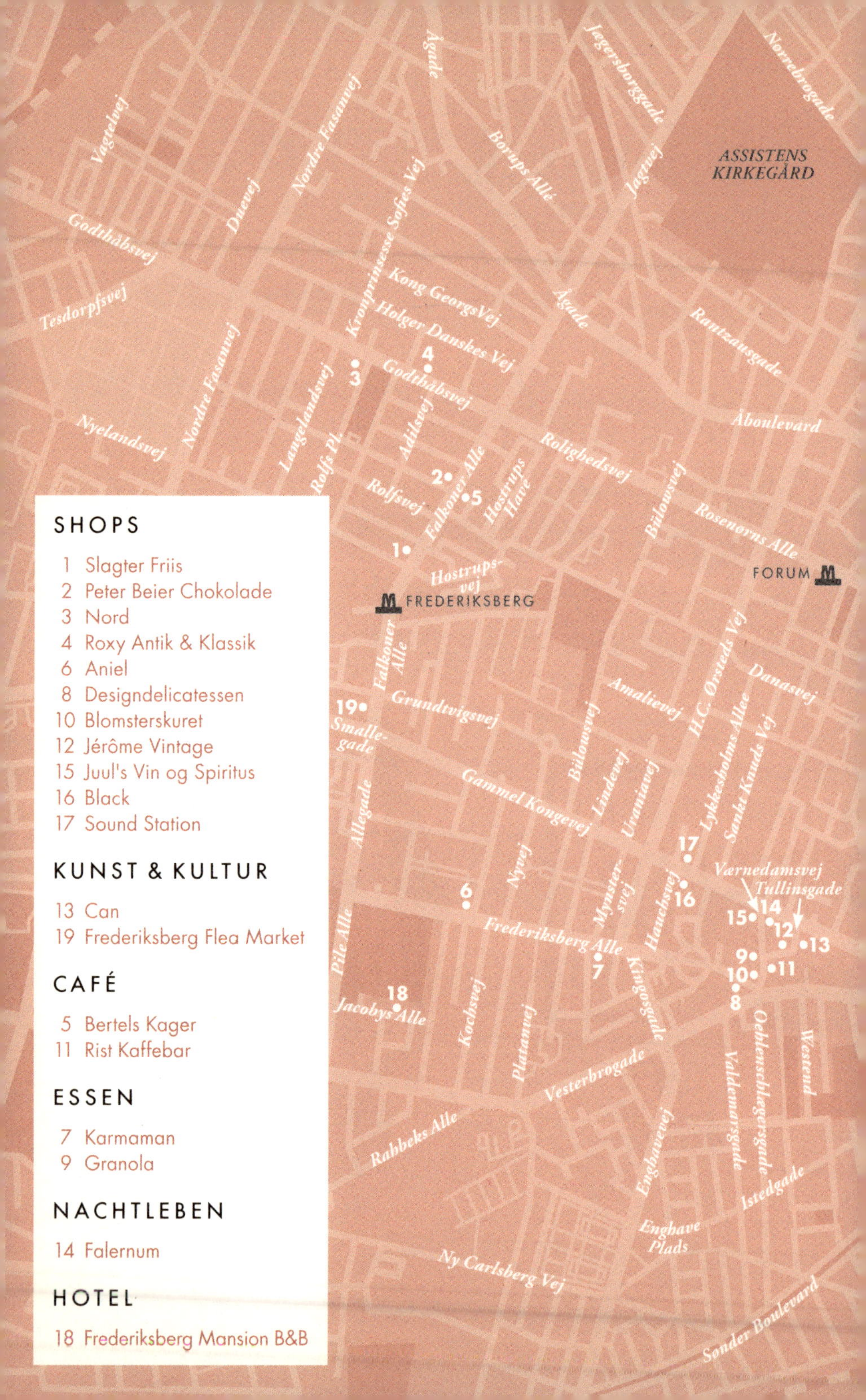

SHOPS

1 Slagter Friis
2 Peter Beier Chokolade
3 Nord
4 Roxy Antik & Klassik
6 Aniel
8 Designdelicatessen
10 Blomsterskuret
12 Jérôme Vintage
15 Juul's Vin og Spiritus
16 Black
17 Sound Station

KUNST & KULTUR

13 Can
19 Frederiksberg Flea Market

CAFÉ

5 Bertels Kager
11 Rist Kaffebar

ESSEN

7 Karmaman
9 Granola

NACHTLEBEN

14 Falernum

HOTEL

18 Frederiksberg Mansion B&B

FREDERIKSBERG

Frederiksberg ist ein nobler Stadtteil, geprägt von Boulevards und Prachtbauten, Botschaften und Parks. Langweilig ist es hier im Westen der Stadt deswegen aber nicht, ganz im Gegenteil. Es ist ein Viertel für Genießer, die ohne Hektik das gute Leben genießen. Feine Boutiquen und Antiquitätengeschäfte reihen sich an gemütliche Cafés und Restaurants, Yogastudios und Delikatessenläden. Und wenn das Nachtleben aus dem bunten Vesterbro auf die Straßen von Frederiksberg überschwappt, kann es schon einmal wild zugehen.

1 Slagter Friis

Weil sich Touristen nicht häufig in diesen Teil von Frederiksberg verirren, bekommt man auf der Falkoner Allé einen guten Eindruck vom alltäglichen Leben in Kopenhagen. Kleine Spezialitätengeschäfte haben sich hier niedergelassen und sind immer gut besucht. So auch Slagter Friis, eine Metzgerei, die schon seit fünf Generationen in Familienhand ist. Ein Besuch lohnt sich wegen der vielen dänischen Delikatessen, die im Geschäft verkauft werden.

Falkoner Allé 27, 2000 Frederiksberg
www.slagterfriis.dk

2 Peter Beier Chokolade

Das Ziel von Peter Beier ist kein kleines: die beste Schokolade der Welt herstellen. Dafür hat sich der dänische Patissier sogar seine eigene Kakaoplantage in der Karibik gekauft, auf der er seine Bohnen anbaut. Ob es bei ihm nun wirklich die allerbeste Schokolade auf dem Planeten gibt, ist Geschmackssache, unglaublich lecker schmecken die schönen Kreationen jedenfalls. Die Geschenkdosen sind kostspielig, aber man kann die Pralinen auch lose kaufen.

Falkoner Allé 43, 2000 Frederiksberg
www.pbchokolade.dk

3 Nord

Der Name verrät es, die Designerstücke, die in diesem Möbelgeschäft stehen, sind allesamt nordisch inspiriert. Dänische Marken wie Hay, Vipp oder Muuto machen den Großteil des Angebots aus. Nord ist ein sympathisches Einrichtungsgeschäft für die Nachbarschaft, die Auswahl spiegelt das wider. Sie ist nicht abgehoben, sondern angenehm bodenständig: bunte Kissen, praktische Aufbewahrungslösungen sowie ganz viele Kindermöbel und reizendes Spielzeug.

Godthåbsvej 35, 2000 Frederiksberg
www.nordcopenhagen.dk

4 Roxy Antik & Klassik

Auch in diesem Laden werden Möbel verkauft, nach skandinavischem Minimalismus sucht man allerdings vergebens. Das liegt vor allem am Konzept. Die zwei separaten, aber miteinander verbundenen Läden widmen sich edlen Antiquitäten. Roxy Antik führt Stücke ab 1900, während sich Roxy Klassik auf Designklassiker aus der Mitte des letzten Jahrhunderts konzentriert. Mit dabei sind große Namen wie Verner Panton, Charles und Ray Eames und Poul Henningsen.

Godthåbsvej 20, 2000 Frederiksberg
www.roxyantik.dk

5 Bertels Kager

Willkommen im Käsekuchenhimmel! Das Café Bertels Kager in Frederiksberg und sein Schwestergeschäft in der Innenstadt gewinnen regelmäßig Preise für ihre Interpretation des New York Cheesecakes. Die riesigen, handgemachten Kuchen kommen in allen erdenklichen Varianten daher, als klassischer Käsekuchen, mit Lakritz, Oreo-Keksen, frischen Beeren oder Karamell, und schmecken wirklich himmlisch. Dazu lohnt sich ein Blick auf die ausführliche Teekarte.

Falkoner Allé 54, 2200 Frederiksberg
www.bertelskager.dk

6 Aniel

Nicht nur beim Essen setzen viele Dänen auf Bioware. Besonders bei Kinderkleidung und Spielzeug geht der Trend schon seit einiger Zeit zu natürlichen Materialien. Aniel ist ein kleines Geschäft, das ausschließlich ökologische Produkte für Babys und Kleinkinder verkauft. Die reizenden kleinen Klamotten sind aus Biobaumwolle oder -wolle, das Spielzeug aus unbehandeltem Holz. Und das Beste: Alles sieht zuckersüß aus, kitschig oder tantig gibt's hier nicht.

Frederiksberg Allé 70, 1820 Frederiksberg C
www.aniel.dk

7 Karmaman

Der Karmaman Food Market ist eine spannende Mischung aus Café, Restaurant, Weinstube und Lebensmittelgeschäft. Bunte Kunst an den Wänden und in den Fenstern machen den großen Raum gemütlich. Mittags lockt das frisch gekochte Essen die Menschen aus den Büros der Nachbarschaft, am frühen Nachmittag kehren alle auf ein Glas Wein zurück. Auch wenn Sie nur Zeit für einen kurzen Kaffee zwischendurch haben, sind Sie hier richtig.

Frederiksberg Allé 31, 1851 Frederiksberg
www.karmaman.dk

Stephanie, Bredgade

8 Designdelicatessen

Ein Gemischtwarenladen voll mit gutem Design. Designdelicatessen ist ein großer Onlineshop, der von Möbeln bis Glühbirnen alles verkauft, was das Zuhause schöner macht. Das Geschäft in Frederiksberg dient als Showroom, und obwohl es mehrere Etagen umfasst, sieht man dort nur einen Bruchteil der Auswahl, die im Lager auf Käufer wartet. Die Kopenhagen-Poster sind das perfekte Souvenir und werden in einer Rolle sicher für die Reise verpackt.

Frederiksberg Allé 6, 1820 Frederiksberg
www.designdelicatessen.com

9 Granola

Hier auf dem Værnedamsvej verläuft die Grenze zwischen Frederiksberg und Vesterbro, oft wechselt man nicht nur die Straßenseite, sondern gleich den Stadtteil. Das spielt für die Passanten keine Rolle, und spätestens bei Granola trifft man sie alle wieder, die Frederiksberger und die Vesterbroer. Das Café ist wunderbar nostalgisch, mit seiner alten Theke aus der Kolonialzeit und einem Waffelverkauf aus dem Fenster. Die Smoothies sind ein Gedicht!

Værnedamsvej 5, 1819 Fredriksberg
www.granola.dk

10 Blomsterskuret

Direkt neben Granola liegt der Blomsterskuret. Übersetzt bedeutet der Name „Blumenschuppen", und das beschreibt das kleine Geschäft sehr treffend. Sommers wie winters quellen die Kübel vor der Hütte über vor Grün, Pflanzen sind in alten Karteikästen und auf Europaletten gestapelt, von der schiefen Markise hängen Farne. Ordentlich sieht das nicht aus, aber verdammt charmant, und es verschönert den Spaziergang über die belebte Straße ungemein.

Værnedamsvej 3A, 1819 Fredriksberg C
www.blomsterskuret.dk

11 Rist Kaffebar

Winzig klein ist die Rist Kaffebar, nur ein paar Tische stehen drinnen neben der Theke und draußen vor der Tür. Der Kaffee ist allerdings ganz groß. Das ist wahrscheinlich auch der Grund, warum oft eine Schlange bis hinaus auf die Straße reicht. Wenn Sie einen freien Tisch ergattern können, nutzen Sie Ihre Chance. Hier kann man in wunderbarer Atmosphäre Menschen beobachten, während man Cookies mampft und sein warmes Getränk genießt.

Værnedamsvej 4b, 1619 København V
www.ristkaffebar.dk

Breite Alleen prägen das Straßenbild von Frederiksberg.

12 Jérôme Vintage

Relativ neu eröffnet hat Jérôme Vintage. Die Boutique liegt etwas versteckt in einer Seitenstraße im Souterrain, doch sie zu finden lohnt sich. Dass alles, was im Geschäft verkauft wird, secondhand ist, sieht man erst auf den zweiten Blick. Die Damenmode ist herausragend. Hier hängen Einzelstücke von Bottega Veneta, Céline und Saint Laurent nach Farben sortiert an den Stangen, präsentiert wie textile Kunstwerke. Die kleine Auswahl an Schuhen rundet das erlesene Angebot ab.

Tullinsgade 12, 1618 København V

13 Can

Can ist wie eine gemischte Tüte Süßigkeiten: bunt, fröhlich und ein bisschen verrückt. Betrieben wird der Laden von Stine, Pac und Sofia, und sie alle tragen etwas zum Konzept bei. Pac verkauft seine alten Schallplatten, Stine stellt ihre Illustrationen aus und Sofia bietet handgemachte Spielsachen an. Dazu werden im hinteren Teil des Geschäfts manchmal Haare geschnitten und am Wochenende finden Ausstellungen, Konzerte und Partys statt.

Tullinsgade 5, 1618 København V

www.yeswecancan.com

14 Falernum

Diese Weinbar ist der perfekte Ort, um einen langen Tag entspannt ausklingen zu lassen. Die Atmosphäre ist gemütlich, das Publikum extrem entspannt und die Tapas schmecken zum Wein noch mal so gut. Bei der Auswahl hilft das freundliche Personal gerne. Tagsüber kann man hier ebenfalls einkehren, dann genießen die Gäste statt Kerzenlicht den Sonnenschein an den Tischen draußen, und auf der Karte stehen Frühstück, Salate oder Sandwiches.

Værnedamsvej 16, 1619 København V
www.falernum.dk

15 Juul's Vin og Spiritus

Wer nach einem Besuch bei Falernum auf den Geschmack gekommen ist, der sollte der Weinhandlung Juul's direkt gegenüber unbedingt einen Besuch abstatten. Das Angebot an Wein und Spirituosen ist riesig, besonders Whiskeyfans kommen hier auf ihre Kosten. Die Mitarbeiter beraten ohne mit der Nase zu rümpfen auch absolute Weinnovizen, und wer nett fragt, darf auch mal einen Schluck probieren. Das Team bietet regelmäßig Tastings an.

Værnedamsvej 15, 1819 Frederiksberg
www.juuls.dk

16 Black

Die dänische Keramikherstellerin Anne Black betreibt schon länger ihr Geschäft im Nachbarhaus, doch ihr Männermodeladen in der Gammel Kongevej ist es, der Besucher aus der ganzen Stadt anzieht. Rauer Beton an den Wänden und beste Basics von namhaften Marken wie Margaret Howell und Comme des Garçons in den Regalen, dazwischen ausgesuchte Accessoires für die Wohnung und Kunstmagazine. Bei Black ist alles geschmackvoll und minimalistisch.

Gammel Kongevej 105, 1850 Frederiksberg
www.blackcph.com

apartamento

Carl Andre Things In Their Elements Alistair Rider

17 Sound Station

Auch in Kopenhagen gibt es noch zahlreiche Plattenliebhaber und die fühlen sich in diesem Laden wie im Vinyl-Himmel. Unglaubliche 200.000 LPs und CDs hat die Sound Station auf Lager, von obskuren dänischen Schlagern bis hin zu Old-School-Hip-Hop aus den 1980er Jahren. An den Wänden hängen rare goldene Schallplatten, die das Team von den Musikern geschenkt bekommen hat, als diese auf Stippvisite in der Kopenhagener Institution waren.

Gammel Kongevej 94, 1850 Frederiksberg
www.soundstation.dk

Jimi Hendrix experience

SK HIP HOP
DANSK

STATION

PIXIES

18 Frederiksberg Mansion B&B

Dieses romantische Bed & Breakfast liegt mitten in Frederiksberg in einer ruhigen Wohngegend. Trotzdem sind es von hier aus mit öffentlichen Verkehrsmitteln nur wenige Minuten bis zum Stadtzentrum von Kopenhagen. Sechs Gästezimmer gibt es im schicken historischen Herrenhaus, alle sind individuell eingerichtet, die meisten haben eigene Badezimmer. Das leckere Frühstück sowie WLAN sind inklusive. Ein Highlight im Sommer ist die Dachterrasse.

Jacobys Allé 21, 1806 Frederiksberg C

19 Frederiksberg Flea Market

Einer der beliebtesten Flohmärkte der Stadt findet von April bis Oktober jeden Samstag vor dem Rathaus von Frederiksberg statt. Von 9 bis 15 Uhr verkaufen die Frederiksberger und Nachbarn aus anderen Stadtteilen hier ihre alte Schätzchen, darunter häufig Markenkleidung und natürlich Möbel. Wer früh kommt, hat die besten Chancen, ein Schnäppchen zu machen. Bierbuden und Livemusik gehören selbstverständlich dazu.

Allégade, 2000 Frederiksberg

PETER N.
DUPONT

Weit über die Grenzen Kopenhagens hinaus steht das Coffee Collective für fantastischen Kaffee. Die Rösterei betreibt drei Cafés in der Stadt und verkauft ihre Bohnen in die ganze Welt. Die vier Firmengründer setzen sich außerdem für die Rechte ihrer Kaffeebauern ein. Geschäftsführer Peter N. Dupont erklärt, warum das gut für alle ist, und verrät uns seine Lieblingsrestaurants.

Was ist das Coffee Collective?

Wir sind vier Teilhaber, die das Coffee Collective im Jahr 2007 gegründet haben. Damals arbeiteten wir alle in einem anderem Kaffeeunternehmen zusammen. Aber wir alle hatten das Gefühl, dass wir zusammen eine Firma aufbauen können, die die Qualität und vor allem den Handel mit den Produzenten noch einen Schritt weiter führen könnte. Einer meiner Mitstreiter, Klaus Thomsen, war damals der amtierende Barista-Weltmeister, und ich war derjenige, der für ihn bei diesem Wettbewerb den Kaffee beschafft und geröstet hat. Wir waren uns also sicher, dass wir Qualität liefern konnten, die zahlreichen Menschen gefallen würde. Unser Ziel war ein Geschäftsmodell, dessen Kern Qualität ist. Die Konsumenten sollten die hohe Qualität erleben können, die wir von den Wettkämpfen kannten. Der Markt für Qualitätskaffee wuchs damals rasant, und ich glaube, er tut es noch immer.

Diese Qualität hat sicher ihren Preis.

Ja, und die Kunden sind absolut bereit, für eine höhere Qualität auch höhere Preise zu zahlen. Unser Kaffee ist teurer als der von anderen Röstern, weil wir den lokalen Produzenten höhere, faire Preise zahlen wollen. Und unsere Kunden sind an Bord. So haben die Kaffeebauern erst die Möglichkeit und einen Anreiz, noch bessere Bohnen zu produzieren. Auf diese Weise bekommen wir am Ende ein noch besseres Produkt und können unsere Position als bester Kaffeeröster beibehalten. Es ist ein positiver Kreislauf und die Grundidee hinter dem Coffee Collective. Wir vier glauben sehr stark an diese Idee. Sie hat uns zusammengebracht, obwohl wir alle sehr unterschiedliche Hintergründe haben.

Wie sehen die aus?

Ich habe einen Master of Science in International Development Studies, Klaus Thomsen ist ein preisgekrönter Barista mit jahrelanger Erfahrung, Linus Törsäter ist gelernter Architekt und Casper Rasmussen, der Vierte im Bunde, kommt aus der Gastronomie und Wirtschaft. Er hat außerdem die Tasting-Weltmeisterschaft 2008 in Dänemark gewonnen – ein Jahr nachdem wir Coffee Collective gegründet hatten. Sein Sieg hat uns damals so kurz nach der Eröffnung sehr geholfen. Der Titel ist unter Kaffee-Fans hoch angesehen und hat uns in der Szene bekannt gemacht.

Die Kaffeeszene wirkt wie eine eingeschworene Gemeinschaft, in der sich so ein Titel schnell herumspricht. Stimmt das?

Unbedingt! Außerdem helfen das Internet und natürlich Social Media. Zumindest in der westlichen Welt sind Baristas für eingefleischte Fans fast Rockstars. Und die Produzenten wie ich bauen Verbindungen in den restlichen Teil des Planeten auf. Man kann also wirklich von einer weltweiten Gemeinschaft, die sich um Qualität und Nachhaltigkeit bemüht, sprechen. Das ist übrigens einer der spannendsten Aspekte meines Berufes.

Auch auf lokaler Ebene hat das Coffee Collective einen großen Einfluss, es gibt Menschen, die nur wegen Ihnen die Stadt besuchen. Fühlen Sie sich als Kopenhagener Firma, als Teil der Stadt?

Das freut mich zu hören! Ich bin in Kopenhagen geboren und ich habe die meiste Zeit meines Lebens hier gewohnt, also fühle ich mich der Stadt sehr verbunden. Alle vier Besitzer haben eine innige Verbindung zur Stadt. Das versuchen wir mit kleinen Gesten zu zeigen. Von Anfang an war unsere Internetadresse zum Beispiel *coffeecollective.dk*, nicht .com, weil wir zeigen wollten, dass wir in Dänemark sitzen. Damals war die .com-Adresse frei, aber wir wollten sie nicht. Mittlerweile hat sie sich jemand anders geschnappt und gibt sich manchmal für uns aus.

Lassen Sie uns ein bisschen über die Stadt sprechen. Welches sind die Restaurants, in die Sie gerne gehen?

Wir in Kopenhagen sind unglaublich verwöhnt, es gibt so viele gute Restaurants. Ich habe drei Lieblinge: Das ***Relæ*** (S. 134) ist für mich das kreativste und experimentellste Lokal. Ich liebe die Küche, die an die Grenzen des Machbaren geht. Selbst wenn das heißt, dass es diese Grenze ab und zu überschreitet. Eine Mahlzeit dort berührt dich tiefer, als du vielleicht auf den ersten Blick verstehst. Sie berührt deine Gefühle, und das ist einfach fantastisch. Das ***Kiin Kiin*** mag ich für seine Eleganz, die Gerüche und Geschmäcker. Dann ist da noch das ***Kadeau*** (S. 120). Für mich ist genau das dänisches Design. Die Atmosphäre, die Menschen und die Küche, die sehr konsequent Bornholm verkörpert und Unglaubliches leistet.

www.lamarzocco.com

SHOPS

1 Next Door
2 Moshi Moshi
3 Moshi Moshi Mind
4 Kontra
5 Kitub
8 Normann Copenhagen
11 La Fromagerie

KUNST & KULTUR

6 Banja Rathnov
13 Den Frie

CAFÉ

10 Original Coffee

ESSEN

7 Lêlê Street Kitchen
9 Gourmandiet
12 Olufs Is
14 Aamanns Deli & Take-Away

ØSTERBRO

Østerbro ist idyllisch und grün und damit eine der attraktivsten Wohngegenden Kopenhagens, im Viertel wohnen viele Familien mit Kindern. Doch auch für Urlauber lohnt sich ein Besuch im Norden Kopenhagens. Hier liegt der Fælledparken, Dänemarks größter Park, und die berühmte Bronzefigur der kleinen Meerjungfrau. Die Geschäfte sind absolut sehenswert, aber lange nicht so überlaufen wie in der Innenstadt. Und unter den zahlreichen kleinen Restaurants sind viele Geheimtipps, die entdeckt werden wollen.

1 Next Door

„Recycle your rooms" ist das Motto dieses Möbelgeschäfts, das von einem Mutter-Tochter-Team betrieben wird. Die beiden hauchen Antiquitäten und gebrauchten Stücken neues Leben ein und geben uns dabei Inspiration für unser eigenes Zuhause. Denn Next Door ist erfrischend anders: Nicht cool und skandinavisch, sondern fast schon opulent sieht das Geschäft aus, mit viel Holz, Gold und Messing und tropischen Motiven auf den Tapeten.

Dag Hammarskjölds Allé 33,
2100 København Ø

2 Moshi Moshi

Gleich drei Läden vereint die Moshi-Moshi-Familie, zwei davon liegen direkt nebeneinander. Moshi Moshi ist eine der schönsten Damenboutiquen der Stadt, mit einer kleinen, aber sehr feinen Auswahl an Kleidung in gedeckten Farben von Labels wie Isabel Marant oder Frame Jeans. Nebenan bei Moshi Moshi Shoes dreht sich alles um Schuhe und edle Taschen, außerdem wartet dort eine Auswahl an Schmuckstücken auf ihre Käuferinnen.

Dag Hammarskjölds Allé 34,
2100 København Ø | www.moshimoshi.dk

3 Moshi Moshi Mind

Während sich in den anderen beiden Filialen alles um weltliche Genüsse dreht, steht bei Moshi Moshi Mind die Seele im Vordergrund. Hier gibt es eine große Auswahl an bequemer Yoga- und Sportbekleidung, Tees und Biokosmetik, dazu Poster mit motivierenden Sprüchen und gemütliche Homewear für faule Stunden. Esoterisch geht es im Geschäft aber trotzdem nicht zu, der Shop wirkt sehr einladend und aufgeräumt, das Personal ist besonders freundlich.

Dag Hammarskjölds Allé 40, 2100 København Ø | www.moshimoshimind.dk

4 Kontra

Kontra verkauft alles was man braucht, um zu Hause guten Kaffee zu kochen. Das fängt bei den noblen Espressomaschinen an, die fein säuberlich im hinteren Teil des Ladens aufgereiht stehen, geht über Filter und diverse Utensilien und hört bei den besten Kaffeebohnen auf. Die sind es auch, die einen Besuch im Geschäft auch für Touristen interessant machen. Hinter Kontra steckt nämlich unter anderem Troels Poulsen, der im Jahr 2005 Barista-Weltmeister war.

Dag Hammarskjölds Allé 36,
2100 København Ø | www.kontracoffee.com

5 Kitub

Putzen ist kein Vergnügen, und kein Hilfsmittel der Welt wird das je ändern. Kitub setzt alles daran, unseren Putz-Alltag wenigstens ein bisschen ästhetischer zu machen. Und es gelingt! Im winzigen Shop hängen handgemachte Staubwedel und Bürsten mit Naturborsten, schöne Leinentischwäsche und sogar schicke Putzlappen. Dazu gibt's allerlei Nützliches aus Stoff und Wolle wie Handtücher, Handschuhe und Schals sowie eine stetig wechselnde Auswahl an Keramik.

Classensgade 10, 2100 København Ø

www.kitub.com

6 Banja Rathnov

Eine wunderschöne, weitläufige Galerie in einem historischen Gebäude. Banja Rathnovs Ausstellungsräume liegen ein wenig versteckt im Innenhof eines Wohngebäudes. Hier werden spannende und häufig preisgekrönte Ausstellungen von dänischen und internationalen Künstlern gezeigt. Das Gebäude ist so groß, dass meist mindestens zwei Schauen gleichzeitig stattfinden, das Programm wechselt regelmäßig und der Eintritt ist frei.

Kastelvej 18, 2100 København Ø
www.banjarathnov.com

7 Lêlê Street Kitchen

Das Original Lêlê serviert in Vesterbro hochwertiges asiatisches Essen mit Geschmack und Preisen auf Sterneniveau. Zum Glück gibt es aber einen günstigen Ableger, die Lêlê Street Kitchen, mit weitaus freundlicheren Preisen. Auf der Karte steht gesundes, handgemachtes Fast Food aus Vietnam: Frühlingsrollen, Salate und Suppen, angemacht mit viel Gemüse und frischen Kräutern, die man entweder im Restaurant essen oder zum Mitnehmen bestellen kann.

Østerbrogade 56, 2100 København Ø
www.lele.dk

Lasse, Julius Thomsens Plads

8 Normann Copenhagen

Obwohl die Marke erst 1999 von zwei Kopenhagenern gegründet wurde, ist sie mittlerweile einer der bekanntesten dänischen Design-Exportschlager, erhältlich in über 77 Ländern. In seinem 1.700 Quadratmeter großen Flagship-Store in einem alten Kino mitten auf Østerbros Prachtboulevard präsentiert Normann Copenhagen die ganze Bandbreite seines Sortiments – von großen Möbeln bis hin zu edlen Blumengebinden – in verschiedenen Themenwelten.

Østerbrogade 70, 2100 København Ø

www.normann-copenhagen.com

normann
COPENHAGEN
A QUESTION OF

9 Gourmandiet

Gourmandiet gilt als die schönste Metzgerei der Stadt. Zu Recht, das Ladenlokal wurde kürzlich restauriert und dabei die alten Deckengemälde aus dem 19. Jahrhundert liebevoll wiederhergestellt. Neben dänischen Spezialitäten (auch ohne Fleisch!) lohnt sich ein Besuch auch zum Mittagessen sowie jeden Donnerstag-, Freitag- und Samstagabend. Dann verwandelt sich das Geschäft nämlich zu „Gourmandiet by Night", einem erstklassigen Steakhaus.

Rosenvængets Allé 7A, 2100 København Ø

www.gourmandiet.dk

10 Original Coffee

Original Coffee betreibt vier Cafés in Kopenhagen, die kleine Dependance in Østerbro wurde mehrfach als beste Kaffeebar der Stadt ausgezeichnet. Hier befindet sich auch die Mikrorösterei, in der die Bohnen für die verschiedenen Lokale geröstet werden. Das Café ist winzig und immer voll, und bekannt für seine selbstgebackenen Plätzchen. Wer es stärker mag, der bestellt einen unschlagbar leckeren Irish Coffee, auch Bier steht auf der Karte.

Nordre Fribavnsgade 4, 2100 København Ø
www.originalcoffee.dk

In Dänemark lässt man den Kinderwagen samt Baby vor der Tür.

11 La Fromagerie

Ein kleines Stück Frankreich mitten in Østerbro. In der Fromagerie steht ein waschechter Franzose hinter der Theke, der seinen Kunden mit charmantem Akzent bei der Auswahl hilft. Neben Käse führt das Geschäft auch einige Wurst- und Marmeladenspezialitäten, dazu Delikatessen aus Dänemark und dem Rest Europas. Trotz französischem Schwerpunkt liegen übrigens auch mehrere dänische Käse in der Auslage, die es lohnen, probiert zu werden.

Nordre Frihavnsgade 16, 2100 København Ø
www.lafromagerie.dk

12 Olufs Is

Das beste Eis der Stadt kauft man bei Olufs. Kugeln oder Spaghetti-Eis sucht man hier vergebens, stattdessen wählt man aus unzähligen Sorten von selbstgemachtem Eis am Stiel. Darunter ist Milch- und Fruchteis, oft sind sie in Schokolade getaucht und mit Krokant, Beeren oder Streuseln verziert. Olufs Is bietet seine Leckereien nur im Sommer an, die Saison ist jedoch lang: Meist ist das Geschäft von März bis November geöffnet. Schauen Sie auf der Website nach!

Olufsvej 6, 2100 København Ø
www.olufs.dk

13 Den Frie

Eine Institution für moderne Kunst ist Den Frie Centre of Contemporary Art. Gegründet wurde es von einer Gruppe moderner Künstler bereits im Jahr 1898, seitdem hat sich das Museum zu einer der wichtigsten Adressen in Kopenhagens Kunstszene gemausert. Unter dem Motto „Von Künstlern für alle" zeigt der Verein neue und aufregende Kunst von Newcomern. Ein Fokus liegt auf Ausstellungen von Gruppen und Künstlerkollektiven.

Oslo Plads 1, 2100 København Ø
www.denfrie.dk

14 Aamanns Deli & Take-Away

Das Smørrebrød gehört zu Dänemark und nirgendwo in Kopenhagen bekommt man schönere Versionen serviert als bei Aamanns. Adam Aamanns moderne Interpretationen der belegten Roggenbrote sind kleine Kunstwerke, dick belegt mit geräuchertem Fisch, Roastbeef, Ei und sogar Kartoffeln. Entweder isst man sie direkt im Deli, oder man nimmt sich eine Auswahl mit und genießt ein typisch dänisches Picknick im Park.

Øster Farimagsgade 10, 2100 København Ø
www.aamanns.dk

KASPER HOSTRUP

Nicht nur die dänischen Frauen sind gut gekleidet, auch Kopenhagens Männer haben ein besonderes Gespür dafür, was ihnen steht. Wir sprechen mit Kasper Hostrup, dem Besitzer der beliebten Männerboutique Goods in Østerbro, über männlichen Stil und gutes Design und entlocken ihm dabei auch noch seine Lieblingsorte im Viertel.

Was macht Goods so besonders?
Wir versuchen eine Auswahl an qualitativ hochwertigen Produkten zu präsentieren, die alle einer roten Linie folgen. Das Konzept von Goods ist also ganz einfach: Gute Qualität, gutes Design.
Wer kauft bei Ihnen ein?
Wir ziehen damit ein sehr weit gefächertes Publikum an. Bis auf die ganz Jungen, für die Goods nicht verrückt genug ist, kaufen bei uns eigentlich alle Altersgruppen ein, von 25 bis 75 Jahren. Das spiegelt sich auch in unserem Angebot wider. Die Kleidung ist einfach, ohne viel Chichi, aber trotzdem immer modern. Vor einigen Jahren begann der Trend der Heritage-Mode, Entwürfe, die sich sehr stark an klassischen, meist amerikanischen Designs orientierten, wie Lederstiefel, Flanellhemden oder dunkle, ungewaschene Jeans. Wir verkaufen solche Stücke, versuchen aber immer, modernere und relevantere Formen zu finden.
Warum sind Sie gerade hier in Østerbro?
Ich habe mir sowohl Ladenlokale in Frederiksberg als auch in Østerbro angesehen. Am Ende machte es einfach mehr Sinn, nach Østerbro zu kommen, es gab hier nichts Vergleichbares. Der Laden hat sich in ein Geschäft weiterentwickelt, das es so in ganz Kopenhagen nicht noch einmal gibt. Die anderen Männermodedestinationen, mit denen wir uns vergleichen, Norse Projects und Wood Wood, haben beide einen Background im Skateboarding und im Graffiti. Wir haben stattdessen eine erwachsenere und modernere Herangehensweise an Männermode.
Wie würden Sie den Stil von Kopenhagens Männern beschreiben?
Es ist schwierig, das in ein paar Worten zusammenzufassen. Es gibt viele verschiedene Typen. Ich denke aber, dass es in den letzten fünf Jahren einen klaren Trend dazu gibt, dass Männern die Qualität ihrer Kleidung extrem wichtig ist. Langlebigkeit ist heute viel wichtiger als noch vor zehn Jahren. Männliche Shopper sind bereit, mehr für ein einzelnes Teil zu bezahlen, als sie das damals waren.
Haben Sie Tipps für Männer, die Kopenhagen besuchen und ihren Stil noch nicht gefunden haben?
Erst einmal gilt: Verbote gibt es in der Mode nicht. Sie soll helfen, den eigenen Charakter zu unterstreichen und das Beste aus einem herauszuholen. Wenn Sie also in Sandalen mit weißen Socken durch Kopenhagen schlendern möchten: bitte schön, niemand hält Sie davon ab. Unsere Stadt ist sehr tolerant, was persönlichen Stil angeht.
Trotzdem gibt es aber so etwas wie eine „dänische Uniform", die man hier häufiger sieht als anderswo.
Das stimmt. Fangen Sie beim Schnitt an. Viele Männer machen den Fehler und kaufen Klamotten, die nicht richtig passen. Entweder sitzen die Hosen und Sakkos viel zu weit, oder jemand trägt ein T-Shirt, das zwei Nummern zu klein ist. Wenn sie auf einen guten Schnitt achten, ist das also schon die halbe Miete. Dann geht es um Qualität. Investieren sie lieber

in ein Stück, an dem sie auch noch in fünf Jahren Freude haben werden, als in fünf schnelllebige Designs vom Discounter. So bauen sie sich langsam eine Garderobe auf, die nicht nur eine tolle Qualität hat, sondern auch zeitloses, modernes Design. Denn niemand will fünf Jahre lang mit einem lustigen Spruch auf dem T-Shirt herumlaufen.

Was sind Ihre Lieblingsplätze in der Nachbarschaft?

Østerbro fühlt sich manchmal an wie eine Kleinstadt, also kenne ich viele der Besitzer der Läden und Lokale. Das macht es für mich so interessant, hier zu sein. Ein wahnsinnig tolles Möbelgeschäft hat gerade erst auf der anderen Straßenseite eröffnet, es heißt ***Next Door*** (S. 190). Dann ist da ***Gourmandiet*** (S. 202) auf der Rosenvængets Allé, ein altes Fleischgeschäft, das dort schon vor hundert Jahren geöffnet hatte. Zwischendurch war etwas anderes in dem Lokal, doch mittlerweile ist dort wieder ein Metzger eingezogen, der mit viel Liebe zum Detail die alten Wandmalereien restauriert hat. Die schönste Metzgerei, die ich je gesehen habe! Und die ganze Gegend rund um den Bopa Plads ist sehr charmant.

Haben Sie auch ein paar Restaurant-Tipps für uns?

Ich mag ***Davids Bistro*** auf der Åhusgade sehr gerne, ein wirklich schönes Lokal. Außerdem empfehle ich meinen Kunden immer einen Besuch bei ***Aamanns*** (S. 209), um deren Smørrebrød zu probieren. In Østerbro gibt es viele kleine Orte, die man schnell übersehen kann, wenn man nicht weiß, wonach man sucht. ***Original Coffee*** (S. 203) zum Beispiel, wo ich fast jeden Morgen meine Zeitung lese und einen Kaffee trinke.

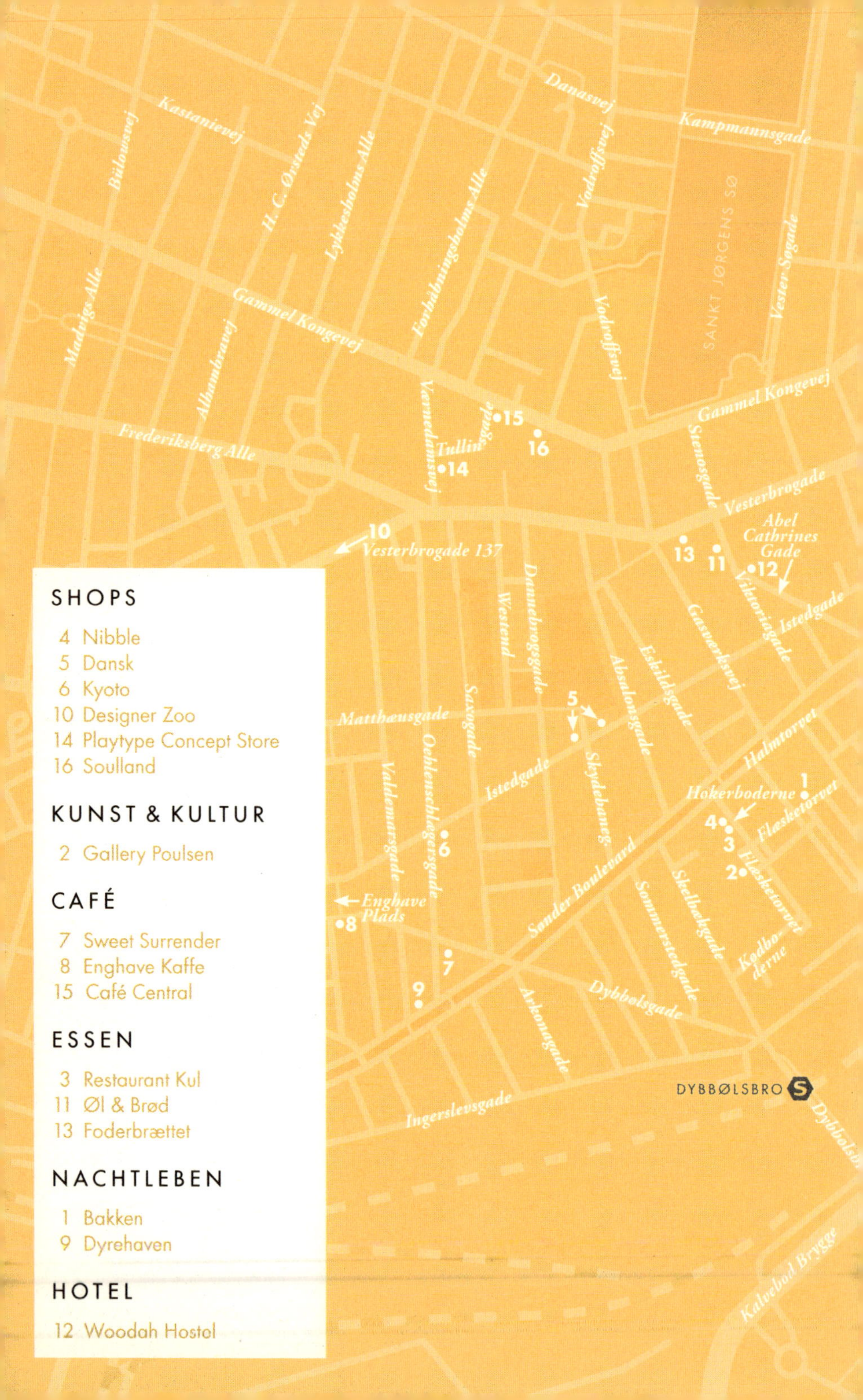

SHOPS

4 Nibble
5 Dansk
6 Kyoto
10 Designer Zoo
14 Playtype Concept Store
16 Soulland

KUNST & KULTUR

2 Gallery Poulsen

CAFÉ

7 Sweet Surrender
8 Enghave Kaffe
15 Café Central

ESSEN

3 Restaurant Kul
11 Øl & Brød
13 Foderbrættet

NACHTLEBEN

1 Bakken
9 Dyrehaven

HOTEL

12 Woodah Hostel

VESTERBRO

Willkommen in Vesterbro! Noch nicht lange ist es her, dass sich nur wenige Kopenhagener in das Viertel hinter dem Hauptbahnhof gewagt hätten. Hier beherrschten Rotlichtmilieu und Industrie das Stadtbild und der Großmarkt war allgegenwärtig. Mittlerweile ist alles anders und Vesterbro zur coolsten Ecke der Stadt geworden. Ein bisschen schmuddelig ist es in einigen Straßen noch immer, doch daneben liegen die spannendsten Clubs und Bars, schicke Boutiquen und Galerien sowie gemütliche Parks voller Streetart.

1 Bakken

Das echte Kopenhagener Nachtleben findet im Meatpacking District statt. In dem alten Großmarkt kaufen bis heute die Köche der Stadt ein, auch Fleisch wird hier immer noch zerlegt. Viele der Hallen stehen mittlerweile allerdings leer und bieten so günstigen Raum für Clubs, Bars und Start-up-Unternehmen. Das haben sich auch die Betreiber von Bakken zunutze gemacht und einen der besten Clubs der Stadt gebaut. Die bunten Lichtergirlanden weisen den Weg …

Flæsketorvet 19–21, 1712 København V

www.bakkenkbh.dk

2 Gallery Poulsen

Auch eine der beliebtesten Galerien der Stadt hat ihre Zelte im Meatpacking District aufgeschlagen. Die Gallery Poulsen vertritt vorrangig amerikanische Künstler, darunter auch Superstars wie Leonard Cohen sowie das dänische Supermodel Helena Christensen, die mittlerweile als erfolgreiche Fotografin arbeitet. Der Fokus der Galerie liegt häufig auf figurativer Kunst, Gemälden, Graffiti und Fotos, viele der Werke sind farbenfroh. Der Eintritt ist frei.

Flæsketorvet 24, 1711 København V

www.gallerypoulsen.com

3 Restaurant Kul

Ein Grillrestaurant fernab von muffigem Steakhausflair. Alle Gerichte im Restaurant Kul sind entweder direkt auf dem Grill oder in einem Grillofen zubereitet, rauchige Aromen ziehen durchs Lokal. Die Atmosphäre ist ungezwungen und die Kellner ermutigen die Gäste, viele verschiedene kleinere Gerichte zu bestellen und dann am Tisch zu teilen. Das Essen hat ein sehr hohes Niveau, die Preise aber sind moderat. Am Wochenende sollte man reservieren.

Høkerboderne 16B–20, 1712 København V
www.restaurantkul.dk

4 Nibble

Nibble ist ein Paradies für Foodies. Betrieben wird der Laden von I'm Kombo, einem Kollektiv aus Köchen und gastronomischen Innovatoren. Ihre Mission: alle wichtigen zeitgenössischen Magazine, die zum Thema Essen und Kochen erscheinen, anzubieten. Außerdem verkauft Nibble eine handverlesene Auswahl an Designobjekten und Special Editions, die mit Essen zu tun haben, vom limitierten Bier bis zu Turnschuhen bedruckt mit Speck.

Høkerboderne 16, 1712 København V
www.nibbleshop.com

Ein Besuch in Vesterbro beginnt an der Haltestelle Vesterport.

S
ORT STATION

5 Dansk

Unter dem Label Dansk firmieren gleich zwei Einrichtungsshops, die nur ein paar Schritte voneinander entfernt liegen. Dansk Made for Rooms ist das Original und verkauft Möbel und Dekoartikel. Einige Häuser weiter hat DanskKitchen eröffnet, ein Geschäft, in dem sich alles um cleveres Kochzubehör aus der ganzen Welt dreht. Die Besitzer bereisen Asien und Amerika auf der Suche nach den besten Töpfen, Schüsseln und Utensilien für die moderne Küche.

Istedgade 64 & 80, 1650 København V
www.danskmadeforrooms.dk

529

6 Kyoto

Vesterbros beliebtester Klamottenladen Kyoto verkaufte zunächst nur Mode für Männer. Mittlerweile hat sich das zum Glück geändert, jetzt werden beide Geschlechter im Geschäft auf der Istedgade fündig. Hier hängen viele wichtige skandinavische Marken wie Libertine-Libertine, Diana Orving oder Wood Wood sowie eine schöne Auswahl anderer internationaler Designer wie Kitsuné und Pendleton. Schuhe, Schmuck und Unterwäsche runden das Angebot ab.
Istedgade 95, 1650 København V
www.kyoto.dk

7 Sweet Surrender

Kopenhagen ist eine sehr kinderfreundliche Stadt, kein Wunder also, dass immer mehr Kindercafés eröffnen. Sweet Surrender ist eines der ersten Lokale, die sich besonders an Eltern und ihre Sprösslinge richten, mit großer Spielecke, Platz zum Stillen und einer kinderfreundlichen Karte mit ungesüßten Säften, Tees und leckerem Gebäck. Hier runzelt aber auch niemand die Stirn, wenn man ohne Kind in einem der gemütlichen Sofas versinken möchte.

Dybbølsgade 49, 1721 København V
www.sweetsurrender.dk

8 Enghave Kaffe

Bei Enghave Kaffe sieht es aus wie in einer Bikerbar. Motorrad-Zeichnungen schmücken die Bar, Helme hängen an der Wand, das Licht ist schummrig. Hinter der Theke stehen schwere Jungs mit Tattoos. Doch statt Whiskey wird leckerer Kaffee serviert, und statt rauchgeschwängerter Luft gibt es Rockabilly-Sound. Die Kaffeespezialitäten sind spitze, und gemütlich ist es auch. Aber lassen Sie bitte Ihren Laptop in der Tasche: Computer sind hier streng verboten!

Enghave Plads 3, 1670 København V

www.enghavekaffe.dk

Line, Pilestræde

9 Dyrehaven

Was früher einmal eine abgerockte Bodega war, ist heute ein absoluter Hipstertreffpunkt in Vesterbro geworden. Die alte Holztheke und die Geweihe an der Wand sind geblieben, und auch die Speisekarte setzt auf traditionelle dänische Gerichte. Die sind besonders abends beliebt, wenn man am besten früh kommt, um einen Tisch zu ergattern. Am Wochenende schließt die Küche um 21 Uhr, dann verwandelt sich Dyrehaven in eine der besten Bars der Stadt.

Sønder Boulevard 72, 1720 København V

www.dyrehavnkbh.dk

10 Designer Zoo

Mehr als 70 dänische Kunsthandwerker und Designer verkaufen ihre Waren in diesem großen, zweistöckigen Geschäft. Vor allem Keramik, Glas, Schmuck- und Textildesign findet man hier, aber auch handgefertigte Möbelstücke und Modeaccessoires. Im hinteren Teil des Hauses befinden sich die sieben Ateliers, die man gerne betreten und in denen man Künstlern bei der Arbeit zusehen darf. Regelmäßig finden im Designer Zoo auch Ausstellungen statt.

Vesterbrogade 137, 1620 København V
www.dzoo.dk

11 Øl & Brød

Als das Restaurant neben der ersten Filiale der Brauerei Mikkeller leer stand, zögerten deren Besitzer nicht lange und eröffneten ihr erstes Restaurant. Der Name Øl & Brød erklärt das Konzept sehr anschaulich: Hier wird Bier und Brot serviert, sonst nichts. Zwei junge Köche arbeiten mit frischen dänischen Zutaten, um die besten Smørrebrøds herzustellen, das Bier kommt natürlich aus der Mikkeller-Brauerei. Das einzige andere Produkt auf der Karte: Akvavit.

Viktoriagade 6, 1655 København V
www.ologbrod.dk

12 Woodah Hostel

Bettwäsche umsonst kann jeder! Das Woodah Hostel geht bei seinen Inklusivleistungen noch einen Schritt weiter (obwohl die Bettwäsche auch hier im Preis inbegriffen ist) und bietet seinen Gästen jeden Tag eine Stunde Yoga im hauseigenen Studio an. Da kann man ja nur entspannt die Stadt erkunden. Woodah verfügt über zwei Schlafsäle sowie ein Doppelzimmer zu Hostel-üblich günstigen Preisen. Auch das vegetarische Frühstück ist im Preis inbegriffen.

Abel Cathrines Gade 1–3, 1654 København V
www.woodah-hostel.com

13 Foderbrættet

Foderbrættet bedeutet frei übersetzt „Futterstelle" und ist Kopenhagens erstes Hot-Dog-Restaurant. Auf der Karte stehen die Wurstbrötchen in allen erdenklichen exotischen Variationen, dazu werden edler Champagner und sehr leckere Cocktails gereicht. Vorsicht: Zum Sattwerden braucht man mindestens zwei der Brötchen! Am Wochenende legen DJs im Restaurant auf, dann kann es voll werden und der ganze Laden verwandelt sich in eine lebhafte Bar.

Vesterbrogade 41, 1620 København V
www.foderbraettetkbh.dk

Virgil, Ny Vestergade

14 Playtype Concept Store

Playtype ist eine bekannte Schriftarten-schmiede, die ihre Fonts an Kunden in der ganzen Welt verkauft. Mit ihrem Concept Store hat die Agentur das erste physische Geschäft für Schriften eröffnet. Am Computer kann man sich zusammen mit einem Designer seinen eigenen Font basteln, die Datei nimmt man gleich mit. Verkauft wird alles, was man sonst noch mit Buchstaben versehen kann: Poster, Klamotten, Tassen, Laptop-Taschen und Skateboards.

Værnedamsvej 6, 1620 København V
www.playtype.com

15 Café Central

Glaubt man den Machern des Café Central, bricht ihr Etablissement gleich zwei Rekorde. Es ist mit fünf Sitzplätzen Kopenhagens kleinstes Café und mit nur einem Zimmer auch das kleinste Hotel der Welt. Im Café werden Bohnen vom Coffee Collective gebrüht, dazu gibt es gute alte 1980er-Jahre-Süßigkeiten wie Hubba Bubba und Spunk, aber auch Sandwiches und Bananensplit. Oben im winzigen Haus liegt das gemütliche Doppelzimmer.

Tullinsgade 1, 1618 København V
www.centralhotelogcafe.dk

16 Soulland

Soulland wurde im Jahr 2002 von Silas Adler in Kopenhagen gegründet und gehört mittlerweile zu den wichtigsten dänischen Männerlabels. Der Flagship-Store der Marke in Vesterbro führt die komplette aktuelle Kollektion sowie immer wieder limitierte Teile aus Kooperationen, die Soulland regelmäßig mit anderen Marken eingeht. Berühmt sind die Hemden und Pullover, für die das Streetwear-Label mit den Zeichnern von „Babar dem Elefanten“ zusammenarbeitete.

Gammel Kongevej 37, 1610 København V
www.soulland.com

BUTCHERS & BICYCLES

MORTEN WAGENER
JAKOB MUNK
MORTEN MOGENSEN

Fahrräder sind das beliebteste Fortbewegungsmittel der Kopenhagener. Zum Straßenbild gehören auch die Lastenräder, in denen sportliche Eltern Kind und Kegel durch die Stadt karren. Butchers & Bicycles ist ein junges Unternehmen, das sich vorgenommen hat, die besten Cargoräder der Welt zu bauen. Mit seinen Gründern sprechen wir über ihre Liebe zum Lastenrad und Kopenhagens Fahrradkultur.

Ihre Firma ist noch jung, wie lange gibt es sie?

Jakob Munk: Uns gibt es seit November 2013, doch die beiden Mortens haben schon lange vor der Eröffnung an unserem Prototypen gewerkelt. Dreieinhalb Jahre haben sie im Geheimen am Design gefeilt. Als wir es dann endlich vorstellten, explodierte es förmlich auf dem Markt.

Und wie kam es zu Ihrem außergewöhnlichen Firmennamen?

J.M.: Wir haben uns Butchers & Bicycles genannt, weil wir unsere Werkstatt und unser Büro in Kopenhagens Meatpacking District haben. Wir wollten unsere Verbindung zum Viertel ausdrücken.

Ihre Verkaufsräume sehen toll aus. Was ist die Geschichte dahinter?

J.M.: Wir haben sie von einer Falafelfabrik übernommen. Wochenlang haben wir Falafelfett von den Wänden geschrubbt. und auf dem Boden liegen 17 Tonnen Zement. Die Fliesen haben wir an der Wand gelassen, um das Metzgerei-Gefühl zu behalten. Hier ist unser Showroom, unser Büro und unsere Montagehalle. Die Einzelteile werden uns aus aller Welt geliefert, wir lagern sie hier und dann montieren wir unsere Räder von Hand, wenn eine Bestellung hereinkommt.

Was macht Ihre Räder so besonders?

Morten Wagner: Wir lieben das Fahrradfahren! Cargobikes gibt es in Kopenhagen schon lange, die Leute sind es gewohnt, mit ihren Kindern und ihrem ganzen Gepäck durch die Stadt zu radeln. Ursprünglich waren die dreirädrigen Lastenräder sehr massiv und wirklich unangenehm zu lenken. Trotzdem waren sie sehr beliebt, weil sie so praktisch sind. Wir sind große Fans dieser Transportmethode, fanden aber, dass man auf den alten Modellen nicht weit kommt. Man konnte weder schnell noch sehr lange fahren.

Was machen Sie bei Ihren Fahrrädern anders?

M.W.: Wir wollten all die Vorteile dieser Cargobikes auf drei Rädern mit dem fantastischen Gefühl verbinden, das man hat, wenn man auf einem normalen Fahrrad durch die Stadt fährt. Unsere Fahrräder lehnen sich in die Kurven, nach einer kurzen Eingewöhnungszeit fahren sie sich genauso wie reguläre Drahtesel. Man kann auf ihnen sehr schnell fahren, behindert nicht den Verkehr und für die Kinder vorne im Aufsatz fühlt sich jede Tour an wie eine Achterbahnfahrt. All unser Design, alle Entscheidungen, die wir beim Bauen getroffen haben, lassen sich auf das Fahrgefühl herunterbrechen. Wenn Sie ein Fahrrad haben, das Sie gerne fahren, nutzen Sie es auch oft. Und dann sind es kleine Details, die den Unterschied machen. Der Lastenteil hat eine Tür zum schnellen Ausstieg, eine Kindersicherung, Sicherheitsgurte und kann regensicher gemacht werden. Es passen sogar Kindersitze herein.

Wer kauft bei Ihnen?

M.W.: In Kopenhagen gibt es ungefähr 40.000 Lastenräder, der Markt in Dänemark ist also trotz Nischenprodukt groß. Unsere Kunden sind vor allem Familien mit einem oder zwei Kindern. Jede vierte Familie hat hier ein Cargorad, sie sind extrem beliebt. Ohne diese Räder gäbe es in der Innenstadt ein reines Verkehrschaos. Unsere Kunden kaufen diese Räder statt einem Auto. Und auch andere Länder schauen auf unsere Stadt und unsere Fahrradkultur, Kopenhagen ist in diesem Sinne ein Vorbild.

Warum fahren die Dänen so gerne mit dem Rad?

J.M.: Der Hauptgrund ist, dass es praktisch ist. Fahrräder sind Teil unseres Alltags, es ist einfach die schnellste Art hier voranzukommen. Die Infrastruktur in der Stadt ist phänomenal. Es gibt Fahrrad-Autobahnen, neben den Ampeln sind Fußleisten angebracht, so dass Fahrradfahrer beim Warten nicht absteigen müssen, und wir haben neben den Fahrradwegen sogar schräge Mülleimer, in den sie ihren Abfall beim Fahren werfen können.

Was sind Ihre Lieblingsplätze in Kopenhagen?

M.W.: Bevor ich zum Essen aufbreche, gehe ich sehr gerne zu ***Lidkoeb***, einer Bar auf der Vesterbrogade in einer alten Apotheke. Es ist ein wunderschöner Ort mit offenem Kamin, und die Cocktails werden mit viel Leidenschaft gemixt.

J.M.: Ich bin absolut verliebt in das Restaurant ***Höst*** (S. 88) und schicke alle, die mich nach Tipps fragen, dorthin für ein günstiges, skandinavisches Essen.

Ihre liebste Route für eine Fahrradtour?

M.W.: Jede Strecke, die am Wasser entlangführt. Ich liebe es, am Wochenende mit dem Rad am Ufer entlangzufahren und nach einer langen Tour ein Bier mit Blick auf das Meer zu trinken.

BUTCHERS & BICYCLES

Grundtvigs Kirke

Obwohl die Grundtvigs Kirke ein einfaches Gotteshaus ohne Schmuck ist, raubt sie einem den Atem. Sie ist hell und lichtdurchflutet, die Westfassade mit ihren neogotischen Stilelementen wirkt wie aus einem Fantasyfilm. Erbaut wurde sie zu Ehren des dänischen Philosophen und Pastors Nikolai Frederik Severin Grundtvig aus sechs Millionen gelben Ziegeln. 1.800 Menschen passen hinein, das macht sie zur dänischen Kirche mit den meisten Sitzplätzen.

På Bjerget 14b, 2400 København NV

www.grundtvigskirke.dk

Amager Strand

Wenn die Kopenhagener ausspannen möchten, fahren sie zum Amager Strand. Der malerische Küstenstreifen wurde durch den Sand, der beim Bau der berühmten Øresundbrücke zutage gefördert wurde, noch verbreitert. Hier ist alles auf Sport und Erholung ausgerichtet. In der Mitte des Areals befindet sich eine Lagune, es gibt Kajakstrecken und eine 1.000-Meter-Schwimmbahn, dazu öffentliche Duschen und den Blick über die Brücke nach Schweden.

Amager Strandvej 110, 2300 København S

www.amager-strand.dk

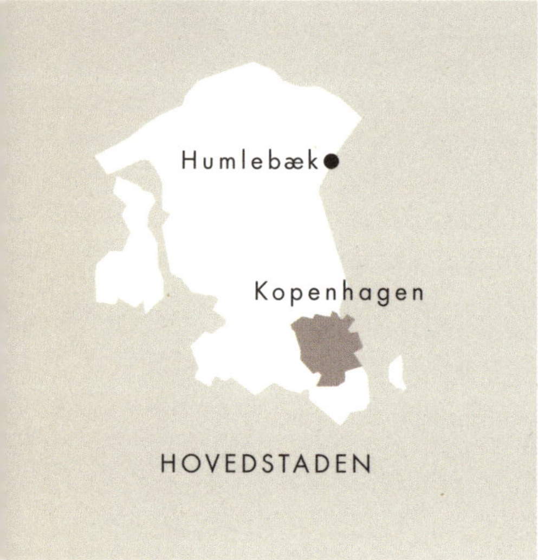

Louisiana

40 Kilometer nördlich von Kopenhagen liegt das Louisiana Museum of Modern Art. Der kleine Abstecher aufs Land lohnt sich unbedingt. Das bedeutendste dänische Museum für moderne und zeitgenössische Kunst zieht die besten Künstler der Welt an, die hier regelmäßig fantastische Ausstellungen verwirklichen. Das Museumsareal ist eingebettet in die wilde dänische Landschaft, aus vielen Ausstellungsräumen und dem Skulpturenpark blickt man direkt aufs Meer.

Gammel Strandvej 13, 3050 Humlebæk

www.louisiana.dk

REGISTER

25 ***Generator Hostel***
Adelgade 5, København K
Hotel

152 ***Gilt***
Rantzausgade 39, Nørrebro
Nachtleben

202 ***Gourmandiet***
Rosenvængets Allé 7A, Østerbro
Shop, Lebensmittel

169 ***Granola***
Værnedamsvej 5, Frederiksberg
Café

80 ***Greasy Spoon***
Studiestræde 14, København K
Restaurant

130 ***Grød***
Jægersborgggade 50, Nørrebro
Restaurant

242 ***Grundtvigs Kirke***
På Bjerget 14b, Nordvest
Kunst & Kultur

H

48 ***HAN Kjøbenhavn***
Vognmagergade 7, København K
Shop, Männermode

74 ***HAY House***
Østergade 61, København K
Shop, Möbel

144 ***Henri***
Ahornsgade 25, Nørrebro
Café, Barbershop

56 ***Henrik Vibskov***
Krystalgade 6, København K
Shop, Mode

88 ***Höst***
Nørre Farimagsgade 41,
København K
Restaurant

82 ***Hotel Alexandra***
H. C. Andersens Boulevard 8,
Vesterbro | ***Hotel***

I

72 ***Illum***
Østergade 52, København K
Shop, Kaufhaus

71 ***Illums Bolighus***
Amagertorv 10, København K
Shop, Möbel

J

32 ***Jane Kønig***
Gothersgade 54, København K
Shop, Schmuck

174 ***Jérôme Vintage***
Tullinsgade 12, Frederiksberg
Shop, Secondhand

177 ***Juul's Vin og Spiritus***
Værnedamsvej 15, Frederiksberg
Shop, Lebensmittel

K

37 ***Kaf Bar***
Antonigade 9, København K
Café

147 ***Kaffebar***
Elmegade 4, Nørrebro
Café

131 ***Karamelleriet***
Jægersborggade 36, Nørrebro
Shop, Süßigkeiten

166 ***Karmaman***
Frederiksberg Allé 31, Frederiksberg
Café, Restaurant

16 ***Keramik og Glasværkstedet***
Kronprinsessegade 43, København K
Shop, Keramik

119 ***Kirkegaards Antikvariat***
Islands Brygge 25, Islands Brygge
Shop, Bücher

162 ***Nord***
Godthåbsvej 35, Frederiksberg
Shop, Möbel

200 ***Normann Copenhagen***
Østerbrogade 70, Østerbro
Shop, Möbel

150 ***Nørrebro Bryghus***
Ryesgade 3, Nørrebro
Mikrobrauerei, Bar, Restaurant

68 ***Norse Projects***
Pilestræde 41, København K
Shop, Männermode

92 ***Ny Carlsberg Glyptotek***
Dantes Plads 7, Vesterbro
Kunst & Kultur

O/Ø

230 ***Øl & Brød***
Viktoriagade 6, Vesterbro
Restaurant

207 ***Olufs Is***
Olufsvej 6, Østerbro
Shop, Lebensmittel

46 ***Ørgreen Optics***
Store Regnegade 1, København K
Shop, Brillen

203 ***Original Coffee***
Nordre Frihavnsgade 4, Østerbro
Café

117 ***Overgaden***
Overgaden Neden Vandet 17,
København K | ***Kunst & Kultur***

P

114 ***Papirøen – Copenhagen Street Food***
Trangravsvej 14, Halle 7&8,
København K | ***Restaurant***

116 ***Parterre***
Overgaden Oven Vandet 90,
København K | ***Café***

78 ***Pede & Stoffer Mens***
Klosterstræde 15, København K
Shop, Männermode

64 ***Perch's***
Kronprinsensgade 5, 1114
København K
Shop, Tee

161 ***Peter Beier Chokolade***
Falkoner Allé 43, Frederiksberg
Shop, Schokolade

235 ***Playtype Concept Store***
Værnedamsvej 6, Vesterbro
Shop, Bücher

62 ***Project 4***
Larsbjørnsstræde 19, København K
Shop, Damenmode

R

134 ***Relæ***
Jægersborggade 41, Nørrebro
Restaurant

218 ***Restaurant Kul***
Høkerboderne 16b–20, Vesterbro
Restaurant

171 ***Rist Kaffebar***
Værnedamsvej 4b, Vesterbro
Café

137 ***Ro Chokolade***
Jægersborggade 25, Nørrebro
Shop, Schokolade

163 ***Roxy Antik & Klassik***
Godthåbsvej 20, Frederiksberg
Shop, Antiquitäten

77 ***Ruby***
Nybrogade 10, København K
Nachtleben

41 ***Rue Verte***
Ny Østergade 11, København K
Shop, Möbel

AUTORIN

Anna Peuckert

Anna Peuckert aus Köln ist Journalistin und befasst sich in ihren Texten mit Mode, Lifestyle und Reisen. Zusammen mit Søren Jepsen gründete sie 2013 die Website *12hrs.net*, die ihre Leser auf kurze Städtetrips abseits der üblichen Touristenpfade mitnimmt. Ihre Reisegeschichten sind voller Design, Fashion und gutem Essen.

FOTOGRAF

Søren Jepsen

Søren Jepsen ist Fotograf und Blogger aus Kopenhagen. Auf seinem Streetstyle-Blog *thelocals.dk* porträtiert er seit acht Jahren gutgekleidete Menschen auf den Straßen der Welt. Für Magazine und Websites berichtet er von den internationalen Modewochen. Die Bilder, die er von seinen Reisen mitbringt, zeigt er auf seiner Reisewebsite *12hrs.net*.

IMPRESSUM

Text: Anna Peuckert, ***Fotos:*** Søren Jepsen

Veröffentlicht von National Geographic Deutschland, 1. Auflage, Hamburg 2015.

Konzept: Stephanie Jaeschke, Søren Jepsen, Anna Peuckert
Lektorat: Stephanie Jaeschke
Gesamtgestaltung & Kartographie: Tina Strube – books & infographics
Schlussredaktion: Hartmut Schönfuß
Herstellung: Piper Verlag GmbH München, Svenja Becker
Litho: Peter Becker GmbH, Würzburg
Druck: Livonia Print, Riga

Printed in Latvia
ISBN 978-3-86690-434-7

Bildnachweise: Cover: Meerjungfrau © Nicolas PAULIN/fotolia.com, Holz © Jeanette Dietl/fotolia.com; Seite 36: © Stamers Kontor; Seite 56–57: unten © Inez Dawczyk; Seite 73: oben © Royal Copenhagen; Seite 85: unten links © Stamers Kontor; Seite 92: oben © Ole Haupt, unten © Kim Nilsson; Seite 104–105: oben links, rechts und unten rechts © Kristian Ridder-Nielsen; Seite 106: mittig links © Culinaire Saisonnier; Seite 110–111: © Alastair Philip Wiper; Seite 117: © Anders Sune Berg; Seite 118: unten links © Henrik Krarup Smith; Seite 120–123: © Marie Louise Munkegaard; Seite 183: oben links © Christian Alsing, unten links © Cees van Roeden; S. 207: © Thomas Adotcom; S. 209: oben und mittig rechts © Mikkel Hvilshøj, unten links © Columbus Leth; Seite 229: unten © Morten Bjarnhof; Seite 244: oben links © Robert Thomason, oben rechts © Ole Haupt; Seite 246–247: oben links, rechts und unten links © Kim Hansen, unten rechts © Anders Sune Berg